Berthold Laufer (1874–1934)
(Foto privat)

Die amerikanische Pflanzenwanderung

Von Berthold Laufer,
Kurator, Abteilung für Anthropologie, Field Museum,
Chicago

Übersetzt und herausgegeben von
Hartmut Walravens

Der Einfluss von Kulturpflanzen aus China und Amerika auf Europa im 17. und 18. Jahrhundert

Von Hartmut Walravens

© 2023, by Hartmut Walravens

ISBN 978-3-7578-0252-3

Bibliografische Information der Deutschen Nationalbibliothek:
Die Deutsche Nationalbibliothek verzeichnet diese Publikation in der Deutschen Nationalbibliografie; detaillierte bibliografische Daten sind im Internet über *dnb.dnb.de* abrufbar.

Herstellung und Verlag: BoD – Books on Demand, Norderstedt

Inhalt

Vorbemerkung

Berthold Laufer (1874–1934), Kaufmannssohn aus Köln, war einer der bedeutendsten Orientalisten seiner Zeit. Er genoß eine gediegene orientalische Ausbildung an der Berliner Universität, wo Wilhelm GRUBE (1855–1908) sein Lehrer im Chinesischen und Georg HUTH (1867–1906) sein Lehrer im Tibetischen war. Da es damals keine passenden Stellen in Deutschland gab, übernahm er die Leitung der Jesup North Pacific Expedition, die ihn nach Sachalin und in das Amurgebiet führte. Sein Mentor war der Ethnologe Franz BOAS (1858–1942), Mitarbeiter am American Museum of Natural History und ab 1899 Professor für Anthropologie an der Columbia University, dem es aber trotz aller Bemühungen nicht gelang, ihm eine adäquate Position in New York zu verschaffen, obwohl er eine weitere erfolgreiche Expedition, diesmal nach China, leitete. Schließlich wurde er 1908 Kustos am Field Museum of Natural History in Chicago, wo er bis an sein Lebensende 1934 blieb, seit 1915 als Abteilungsleiter für Ethnologie. Er verknüpfte auf glückliche Weise seine Forschungen im Bereich der Linguistik, Geschichte, Religion, Kunst, Archäologie, Naturwissenschaften und Ethnologie mit den umfangreichen Sammlungen, die er auf seinen insgesamt vier Expeditionen zusammengestellt hatte. Dabei kam ihm seine stupende Sprach- und Realienkenntnis zustatten. Durch seine zahlreichen Publikationen ist seine Forschungstätigkeit von großem Einfluß bis in die heutige Zeit. Bemerkenswert ist auch die große Spannbreite seiner Arbeiten: Tibetologie, mandschurische und mongolische Literaturgeschichte, chinesische Archäologie, Studien zur chinesischen Kunst, Töpferei der Han-Zeit, Geschichte des Bernsteins in Asien, die Zähmung des Rentiers, Geschichte der Brille, Geschichte der Giraffe, des Kormorans, des Elfenbeins, des Tabaks ... Von seinen, durchweg solide dokumentierten und methodisch vorbildlichen Veröffentlichungen seien nur wenige Beispiele genannt:

– *Jade. A study in Chinese archaeology and religion* (Chicago 1912) ist eine Monographie des in China seit alters hochgeschätzten Halbedelsteins, der sowohl als Ritualgegenstand wie als Schmuck und Kunstwerk bis heute große Bedeutung hat.

– *Epigraphische Denkmäler aus China* (Berlin, Hamburg 1914) ist ein großformatiges Mappenwerk, das erstmals systematisch die in China verbreiteten Steinabreibungen als historische Quellen in die Forschung einbezieht. Grundlage war die umfangreiche Sammlung Laufers, deren Übernahme vom American Museum abgelehnt wurde, die aber als Geschenk des Sammlers vom Field Museum übernommen und katalogisiert wurde.

– *Sino-Iranica. Chinese contributions to the history of civilization in ancient Iran; with special reference to the history of cultivated plants and products* (Chicago 1919), eine stupende historisch-linguistisch-kulturgeschichtliche Studie, die anhand von vorzugsweise chinesischen Quellen die Rolle des alten Iran als Drehscheibe zwischen China und Europa bei der Wanderung von Kulturpflanzen darstellt.

Mit der Geschichte der Kulturpflanzen hatte Laufer sich bereits früher befaßt, so mit der Einführung der Erdnuß in China, des Maises nach Ostasien, des Tabaks nach Europa, der Limone in China und des Roggens in Ostasien. Bei seiner Beschäftigung mit Laufer fand der jetzige Herausgeber diese Studien besonders beeindruckend und bemühte sich, Laufers umfassendes Manuskript über die Wanderung der Kulturpflanzen aufzufinden, das wegen seines Umfangs (etwa 2000 S.) und weil ihm der letzte Schliff fehlte, nicht mehr veröffentlicht wurde. Allerdings war dieses Werk nicht aufzufinden; zwar enthält Laufers Nachlaß im Field Museum zahlreiche Notizen und Materialsammlungen zu diesem Thema, aber ausgearbeitete Texte sind kaum dabei. Eine Spur ergab sich durch die posthume Publikation des Kapitels über die Geschichte der Kartoffel durch C. Martin WILBUR (1908–1997), der 1936–1943 am Field Museum und seit 1943 als Professor für chinesische Geschichte an der Columbia University in New York tätig gewesen war:

The American Plant Migration. Part I: The Potato. Chicago 1938.

Schon die Titelfassung läßt vermuten, daß der Herausgeber nicht nur das Kapitel über die Kartoffel, sondern auch weitere Teile des Manuskriptes bearbeiten und herausgeben wollte, was sich jedoch nicht realisieren ließ. Was mit dem Manuskript geschah, konnte bisher nicht eruiert werden.[1]

Laufer hatte in einem einführenden Artikel das Thema der amerikanischen Pflanzenwanderung vorgestellt, das bis heute seine Aktualität nicht verloren hat:

The American Plant Migration
The Scientific Monthly 28:3.1929, 239–251

Er verdient daher in Erinnerung gerufen zu werden; der vorliegenden deutschen Fassung sind in Fußnoten die Quellennachweise und einige Erläuterungen beigegeben, was die Darstellung etwas transparenter macht.

Der zweite Beitrag, vom Herausgeber, wurde hier wegen des thematischen Zusammenhangs angefügt. Auch darin spielen amerikanische Früchte eine wichtige Rolle, die aber als „chinesische Früchte" Europa erreichten. Es handelt sich um einen Vortrag bei einem in Bamberg im Juli 2022 beim Lehrstuhl für Neuere Geschichte veranstalteten Symposium zur Rolle Chinas in der europäischen Wissensordnung im 17. und 18. Jahrhundert.

---

[1]   Auch die Autobiographie des Gelehrten gibt keine Hinweise: Martin C. WILBUR: *China in my life. A historian's own history.* Armonk, N.Y.; London: Sharpe 1996. VII, 321 S.

Die amerikanische Pflanzenwanderung

Das berühmte Buch von Alphonse de CANDOLLE [1806–1893], „Der Ursprung der Kulturpflanzen"[2], gehört zu den monumentalen wissenschaftlichen Werken, die, obwohl sie vor einer Generation geschrieben wurden und in vielen Punkten veraltet sind, immer jung bleiben und noch für kommende Generationen als Anregung für neue Forschungen dienen werden. Botanik und Landwirtschaft, aber auch Geschichte und Ethnographie haben sich seit seiner Zeit so schnell weiterentwickelt, dass viele qualifiziert sind, neue Beiträge zu den von ihm erörterten Problemen zu leisten, aber niemand wäre heute in der Lage, sein Buch so umzuformulieren, dass es dem modernen Fortschritt entspricht. Ein Bündnis vieler Gelehrter – Botaniker aller Schattierungen und Klassen, Landwirte, Gärtner, Archäologen, Orientalisten, Historiker usw. – wäre erforderlich, um eine Aufgabe dieser Größenordnung angemessen zu bewältigen. Sollte ein solcher Plan jemals in Betracht gezogen werden, so ist zu hoffen, dass ein grundlegender Mangel in de Candolles Buch behoben wird. Man mag dieses große enzyklopädische Werk noch so oft durchlesen, man mag sich eine Reihe von Fakten zu dieser oder jener Pflanze merken, je nach den persönlichen Neigungen, und doch wird kein bleibender Eindruck von der Bedeutung der Pflanzenkulturen für die Entwicklung der Menschheit in unserem Gedächtnis haften bleiben.

Der Grund liegt auf der Hand: Das Thema wird nicht im Zusammenhang mit der menschlichen Kultur dargestellt. Die Gliederung des Buches ist rein mechanisch: Es gibt fünf Hauptabschnitte, die sich mit Pflanzen befassen, die wegen ihrer unterirdischen Teile, wegen ihrer Stängel oder Blätter, wegen ihrer Blüten, wegen ihrer Früchte und wegen ihrer Samen kultiviert werden. Unter diesen botanischen Kategorien sind die heterogensten Pflanzen angeordnet und folgen einander, ohne Rücksicht auf Zeit und Raum, ohne dass sie miteinander verbunden wären. Wir haben es also mit einer Sammlung historischer Aufsätze oder Skizzen zu tun, in denen historisch zusammenhängende Themen verstreut und weit voneinander entfernt sind, ohne jeden Versuch einer Korrelation, Koordination oder pragmatischen Geschichtsschreibung. Eine Wildpflanze ist eine gegebene Tatsache der Natur; die Kultivierung einer Pflanze setzt das Eingreifen und die Pflege durch den Menschen voraus und muss daher als Leben und Bewegung in der langen Karriere des Menschen betrachtet werden. Kulturpflanzen sind ein wesentliches Element in der Geschichte der menschlichen Wirtschaft und Zivilisation, und ihre Erforschung muss im Sinne einer kulturellen Bewegung verstanden werden. Wie viele andere kulturelle Ideen und Erfindungen sind auch die

---

2 Übers. von Edmund GOEZE. Leipzig: Brockhaus 1884. X,590 S. – Originaltitel: *Origine des plantes cultivées*.

Pflanzen zu allen Zeiten gewandert, und sie wandern weiter und breiten sich vor unseren Augen aus. Die großen Pflanzenwanderungen markieren die Linien im Gang der Zivilisation noch deutlicher als andere Bereiche menschlicher Bestrebungen, denn die Landwirtschaft und alle damit verbundenen Merkmale stellen den stabilsten und unveränderlichsten Faktor unseres Wirtschaftslebens dar. Um aussagekräftig und fruchtbar zu sein, muss die Geschichte der Kulturpflanzen als eine Geschichte der Pflanzenwanderungen verstanden werden. Gegenwärtig ist fast alles fast überall, und wir sind bestrebt zu erfahren, ob es schon immer da war, oder, wenn nicht, wie und wann es seinen Platz eingenommen hat. Wenn wir unser Land[3] betrachten, erkennen wir ohne Schwierigkeiten vier Schichten von Pflanzenkulturen: (1) solche, die den Ureinwohnern Amerikas eigen waren, wie Mais, verschiedene Bohnensorten, Zuchini [*Cucurbita pepo*], Kürbisse, Sonnenblumen, *Nicotiana rustica* [Bauern-Tabak], usw., (2) Pflanzen, die in der Kolonialzeit aus England eingeführt wurden, wie Weizen, Gerste, Roggen, Hafer, Buchweizen, Äpfel, Birnen usw.; (3) amerikanische Pflanzen, die im 17. und 18. Jahrhundert aus Westindien eingeführt wurden; (4) zahlreiche Pflanzen, die seit dem 18. Jahrhundert bis heute aus China und Japan eingeführt wurden. In Ländern wie Indien und China sind die Bedingungen natürlich komplexer, die Schichtung ist tiefer. In China finden wir seit den frühesten Zeiten einige typisch chinesische Kulturen, wie z.B. die Sojabohne, den Pfirsich und die Aprikose; andere, die mit den Sino-Tibetern oder Indo-Chinesen gemeinsam sind, die Verwandten des großen Stammes, zu dem sie gehören, wie Hafer, Hanf und viele Arten von Hülsenfrüchten und *Allium* (Lauch und Zwiebel); andere, wie Weizen und Gerste, die mit Westasien und Reis mit Südostasien gemeinsam sind. Ab der zweiten Hälfte des zweiten Jahrhunderts v. Chr. begann die Einführung exotischer Pflanzen, angefangen mit Luzerne und Weinrebe, die der erste chinesische Entdecker, General ZHANG Qian 張騫 [195–114], aus Fergana mitbrachte, und gefolgt von einem langen Gefolge anderer iranischer und westasiatischer Pflanzen; diese große iranische Pflanzenwanderung, die ich in meiner Monographie „Sino-Iranica"[4] ausführlich beschrieben habe, dauerte vierzehn Jahrhunderte lang an. Gleichzeitig machten sich die Chinesen das heutige Südchina zu eigen und drangen bis nach Tonking und Indochina vor, wobei sie alle nützlichen Pflanzen übernahmen, auf die sie in diesem subtropischen Gebiet stießen, und den Typus der südlichen Gartenkultur mit ihrer alten nördlichen Ackerbaukultur vermischten. Die letzte Phase dieser Entwicklung wird durch die Einführung einer großen Anzahl von Arten amerikanischer Herkunft im 16. und 17. Jahrhundert gekennzeichnet, die dem

---

3   Der Beitrag wurde für ein amerikanisches Publikum geschrieben.

4   LAUFER: *Sino-Iranica. Chinese contributions to the history of civilization in ancient Iran. With special reference to the history of cultivated plants and products.* Chicago: Field Museum of Natural History 1919. IV, 185–630 S.

bereits eingebürgerten Anteil ein beträchtliches Plus hinzufügten, mit dem bemerkenswerten Ergebnis, dass fast alle Nutzpflanzen des Universums jetzt von der chinesischen Landwirtschaft erfasst werden.

Für die Bestimmung der Schritte der großen amerikanischen Pflanzenwanderung sind die Aufzeichnungen der Chinesen von grundlegender Bedeutung, da keine andere Nation vollständigere und genauere Berichte über landwirtschaftliche Ereignisse und Innovationen bewahrt hat. Es kann kaum ein Zufall sein, dass die Chinesen ausnahmslos alle Pflanzen, die mit Recht als amerikanisch gelten, als in der zweiten Hälfte des 16. oder Anfang des 17. Jahrhunderts in ihr Land eingeführt aufzeichnen. Die koreanischen und japanischen Überlieferungen gehen in die gleiche Richtung, und überall dort, wo uns Dokumente zur Verfügung stehen, wie in Siam, Indien, Persien und Europa, ist das gleiche Ergebnis zu hören. Nehmen wir für einen Moment an, es gäbe in Amerika keine Botanik, wir wüssten nichts von den landwirtschaftlichen Errungenschaften der Indianer und besäßen nicht einmal die europäischen Kräuterbücher des sechzehnten Jahrhunderts, in denen die neuartigen Pflanzen nacheinander als aus der Neuen Welt eingeführt beschrieben werden – selbst wenn dies der Fall wäre, allein aufgrund unserer Erfahrungen mit der Situation in Asien könnten wir mit Recht behaupten, dass aus historischer Sicht alle Pflanzen wie Mais, verschiedene Arten von Phaseolus [Bohne], Kartoffel, Batate [Süßkartoffel, *Ipomoea batatas*], Manihot [Maniok, Kassawa, Yuca, *Manihot esculenta*], Tabak, Ananas, Guave, Papaya, Anona, *Capsicum* [roter Pfeffer], Erdnuss, Agave, Sonnenblume, Cashew [*Anacardium occidentale*], Arnotto [*Bixa orellana*], Kakao, Tomate, Feigenkaktus [*Opuntia*] und viele andere aus Amerika stammen müssen. Alle diese Kulturen und ihre Produkte waren für die Völker der Alten Welt eine Offenbarung und dort vor 1492 völlig unbekannt. Diese Schlussfolgerung ist auch mit meiner Überzeugung von der Unabhängigkeit der ursprünglichen amerikanischen Landwirtschaft verbunden. Keine der Kulturpflanzen der Alten Welt findet sich im vorkolumbianischen Amerika; andererseits kommt keine der amerikanischen Kulturpflanzen in Europa, Asien oder Afrika vor dem Zeitalter der Entdeckung vor. Es hat nie einen direkten prähistorischen Austausch von Pflanzen zwischen China und Mexiko oder zwischen Ozeanien und Peru gegeben; es gibt nicht die geringste Grundlage für derartige Spekulationen. Der Einfallsreichtum und die Leistungen der amerikanischen Indianer bei landwirtschaftlichen Produkten verdienen unsere höchste Bewunderung. Allein die Tatsache, dass die von den Indianern kultivierten Pflanzen tatsächlich schon in präkolumbischer Zeit in einen vollkommenen Zustand der Kultivierung gebracht worden waren, erlaubte die Kolonisierung durch den weißen Mann und ermöglichte die Ausbreitung dieser Kulturen in der Alten Welt; was der weiße Mann auf sie anwandte, waren lediglich verbesserte Methoden der Kultur. Aus zahlreichen biologischen Daten, die sich aus der Differenzierung und Variation der entsprechenden Kultur- und Wildformen ergeben, lässt sich ableiten, dass die indianische Landwirtschaft nicht Jahrhunderte, sondern Jahrtausende alt sein muss. Von allen Pflanzenbewegungen ist die amerikanische Pflanzenwanderung, obwohl sie die jüngste ist, die umfangreichste, bedeutendste, universellste und folgenreichste in der Weltgeschichte. Sie verdient daher eine eingehende Untersuchung in allen Einzelheiten. Sie hat den gesamten Globus umspannt, überall ihren Einfluss geltend gemacht, die Oberfläche der Erde verändert und die Menschheit enger zusammengeschweißt. Für den Studenten der Landwirtschaft der Alten Welt ist es unerlässlich, eine klare Vorstellung von diesen Eingriffen zu haben, wenn er wissen will, welche Pflanzen ursprünglich zu einem bestimmten Kulturraum gehörten.

Die Geschichte der amerikanischen Pflanzen ist auch lehrreicher und faszinierender als die jeder anderen Pflanzenbewegung, denn jede amerikanische Pflanze hat ihre eigene und individuelle Art von Geschichte: Die Migration war kein einzelnes Ereignis, das in ein paar Seiten erzählt werden könnte, oder eine Reihe von Vorgängen mit einheitlichem Charakter, die einem bestimmten Schema folgten, sondern sie war ein langes, romantisches Kapitel, das sich aus einer unendlichen Vielfalt von guten Handlungssträngen und Geschichten zusammensetzte, die vor einem malerischen Hintergrund in einer weiten Perspektive dargestellt wurden. Fast alle großen Nationen Europas spielen eine Rolle – Spanier, Portugiesen, Italiener, Franzosen, Engländer und Holländer. Der Schauplatz erstreckt sich über ein riesiges Gebiet, das von der Atlantikküste Kanadas, Neuenglands und Virginias bis hinunter nach Florida, zum Golf von Mexiko, den Westindischen Inseln und Brasilien sowie entlang der Pazifikküste von Mexiko und Panama bis hinunter nach Peru und Chile reicht. Zum ersten Mal in der Geschichte entwickelten sich die Ozeane zu einer großen Kommunikationsader für Pflanzen, und die Pflanzen überquerten sowohl den Atlantik als auch den Pazifik, direkt nach Europa und Afrika im Osten und nach Asien und zu den ozeanischen Inseln im Westen. Es war ein weltweiter Kreuzzug, der im Mikrokosmos früherer Zeitalter seinesgleichen suchte. Die transatlantische und die transpazifische Migration fanden fast zeitgleich statt, und wir stehen vor dem kuriosen Schauspiel, dass in Indien, Zentralasien und Sibirien plötzlich mehrere amerikanische Pflanzen, insbesondere Tabak, in einer Art Frontalzusammenstoß aufeinander trafen, indem sie den Globus gleichzeitig in östlicher und westlicher Richtung umrundeten.

Die Geschenke der Neuen Welt waren alle demokratischer Natur und fanden weltweit Anklang; der Tabak eroberte unterschiedslos alle Völker der Erde, und ich kenne nur einen einzigen Stamm, der das Rauchen nicht praktiziert – die armen Inselbewohner von Botel Tobago. Tabak wird in der ganzen Welt mehr konsumiert als jedes andere Rauschmittel, hat die Wirtschaft der meisten Nationen tiefgreifend beeinflusst und die sozialen Bräuche und die

Geselligkeit wesentlich gefördert. In einem Geist der Dankbarkeit haben Chinesen und Japaner dem Tabak den Namen „Kraut der Freundlichkeit" (*ai-qing cao* 愛情草) verliehen, wie sie erklären, „wegen der liebevollen Gefühle, die alle Klassen der Menschheit füreinander hegen, seit sein Gebrauch allgemein geworden ist." Der Tabak hat sich als der größte Friedensstifter der Menschheit erwiesen und in höherem Maße als alle pazifistischen Bewegungen zur Ruhe, zum Komfort und zum Glück der überwältigenden Mehrheit beigetragen. Mais, Erdnuss, Batate und Kartoffel haben einen beträchtlichen Anteil an den Mitteln zur Ernährung der Menschen und damit zum Wohlstand der Nationen und zum Wachstum der Bevölkerung beigetragen, vor allem in den Ländern, in denen der Anbau des üblichen Getreides schwierig oder kostspielig ist. Vor allem Bataten und Kartoffeln sind als Hungerkulturen von unschätzbarem Wert und haben in Zeiten der Dürre und Knappheit das Leben von Millionen von Menschen gerettet. In vielen Teilen West-, Zentral- und Südostasiens gibt es zahlreiche mittellose Völker, die in kargen Bergwüsten eingepfercht sind, ähnlich wie die Stämme im Hochland von Peru, die sich heute ausschließlich von Mais und Kartoffeln ernähren; und wir fragen uns, wie sie vor der Entdeckung Amerikas überhaupt leben konnten. Das Thema der amerikanischen Kulturpflanzen ist so umfangreich, dass ich an dieser Stelle nur eine kurze Zusammenfassung einiger meiner Ergebnisse geben kann. Ein umfangreiches Manuskript ist fast fertig und wird zu einem späteren Zeitpunkt veröffentlicht werden. Eines meiner Ergebnisse, so hoffe ich, wird von besonderem Interesse sein. Wann und wie die Kartoffel nach Nordamerika gelangt ist, war zumindest denjenigen, die viel über dieses Thema geschrieben haben, bisher unbekannt. De Candolle beschränkt sich auf Spekulationen darüber, dass einige Bewohner Virginias, vielleicht englische Kolonisten, in den neunzig Jahren seit der Entdeckung Amerikas Knollen von spanischen oder anderen Reisenden, Händlern oder Abenteurern erhalten haben. ROZE[5], WITTMACK[6], BRUSHFIELD[7], SAFFORD[8] und andere, denen wir Monographien über die Kartoffel verdanken, sind ebenso vage. Es betrübte mich fast, dass wir die Fakten, die mit der Einführung der Kartoffel in unser Land einhergingen, nicht kannten, während fast alle anderen Nationen Aufzeichnungen über dieses Ereignis bewahrt haben; daher machte ich mich daran, die frühe Geschichte Virginias zu erforschen, jedoch ohne Erfolg. Nach mehreren

---

5   Ernest ROZE (1833–1900): *Histoire de la pomme de terre.* Paris: Rothschild 1898. 464 S.

6   Ludwig WITTMACK (1839–1929): Die Stammpflanze unserer Kartoffel. *Landwirtschaftliche Jahrbücher* 38.1909, Ergänzungsband 5, 551–605.

7   Thomas Nadauld BRUSHFIELD (1828–1910): Introduction of the potato and tobacco into England and Ireland. *Devonshire Association. Reports and Transactions* 30.1898, 158–197.

8   William E. SAFFORD: The potato of romance and reality. *Journal of Heredity* 16.1925, 113–126, 175–184, 217–230.

Jahren der Suche stieß ich schließlich auf die alte „Geschichte der Bermudas" und fand endlich die gewünschten Informationen.

Im Jahr 1613 brachte das gute Schiff *Elizabeth* Kartoffeln von England auf die Bermudas. Die „Historye of the Bermudaes"[9], die Kapitän John SMITH (1580–1631) zugeschrieben wird, von anderen Nathaniel BUTLER, Gouverneur der Bermudas von 1619 bis 1622, berichtet dieses Ereignis wie folgt (S. 30): „In ihr [der *Elizabeth*] brachten wir zuerst einige aus England gesandte Kartoffelwurzeln in diese Regionen ein, die, nachdem sie gepflanzt worden waren und sehr gut gediehen, durch Nachlässigkeit fast verloren gingen; zuletzt wurden sie durch eine glückliche Hand aus zwei weggeworfenen Wurzeln wiederbelebt; seither haben sie sich zu einem unendlichen Vorrat vermehrt und dienen den Bewohnern gegenwärtig als große Erleichterung." Von den Bermudas aus wurde die Kartoffel weiter nach Virginia gebracht. Am 2. Dezember 1621 sandte Kapitän Nathaniel BUTLER, Gouverneur der Bermudas, von „St. Georges, in den Sommerinseln" zwei große Zedernholzkisten an den Gouverneur von Virginia (Francis WYATT), „in denen alle Arten und Sorten von des Landes Pflanzen und Früchten enthalten waren, die Virginia zu jener Zeit und bis dahin nicht hatte, wie Feigen, Granatäpfel, Orangen, Zitronen, Plantanen [Kochbananen, *Musa x paradisiaca*], Zuckerrohr, Kartoffel- und Cassadawurzeln [Kassava, Manihot], Papaya, roter Pfeffer, Kaktusfeigen und dergleichen" (ebd., S. 277). Im darauffolgenden Jahr nahm „eine Barke aus Virginia von den Bermudas mindestens zwanzigtausend Waight[10] Kartoffeln mit" (ebd., S. 285). All dies ist in der „History of the Bermudas" festgehalten. Die Tatsache, dass die Kartoffel in Virginia tatsächlich zum Zeitpunkt der ersten Einführung angepflanzt wurde, wird durch Briefe bestätigt, die 1621 aus Virginia geschickt und von PURCHAS[11] (Bd. 19, S. 151) veröffentlicht wurden: Dort heißt es, dass sie „im Dezember letzten Jahres in Virginia Kartoffeln und verschiedene andere indianische Früchte und Pflanzen gepflanzt und kultiviert hatten, die man früher in Virginia nicht gesehen hatte, und die zur Zeit der besagten Briefe sehr gut zu gedeihen begannen."

Die Kartoffel gelangte also nicht, wie von de CANDOLLE vermutet, durch eine angebliche Bande spanischer Abenteurer in dieses Land, sondern auf ganz seriöse Weise – von England aus über die Bermudas. Es ist natürlich ein Streich des Schicksals, dass die Kartoffel, die ursprünglich in Chile und Peru beheimatet war, in den Vereinigten Staaten als eingebürgerter Engländer auftauchte. Dieses Ergebnis wird die gesamte frühe Geschichte der Kartoffel, so wie man

---

9   Manuskript in der British Library, etwa 1609–1622. Druckausgabe London: Hakluyt Society 1882. XII, 327 S.

10   Ursprünglich ein Getreidemaß, vgl. *Oxford English dictionary* „weight" #21.

11   Samuel PURCHAS: *Hakluytus posthumus; or, Purchas his pilgrimes: containing a history of the world in sea voyages and lande travells by Englishmen and others.* Glasgow 1905–1907 (Hakluyt Society Publications extra ser., no. 14–33.)

sie sich bisher vorgestellt hat, in hohem Maße verändern. Die Kartoffel war um 1586 oder etwas später nach England gekommen. Lange Zeit glaubten die Botaniker, sogar H. PHILLIPS[12] und de Candolle, dass die Openauk-Kartoffel, die Thomas HARIOT in seinem „Brief and True Report of the New Found Land of Virginia" (London, 1588) unter den wilden Wurzeln Virginias beschrieben hatte, unsere Kartoffel darstellen sollte, dass HARIOT seine Openauk-Kartoffel nach England gebracht hatte und dass sie von dort zu John Gerard gelangte, dem ersten englischen Botaniker, der die Kartoffel züchtete und sie unter dem Namen „potato of Virginia" beschrieb und abbildete. Diese Spekulation ist falsch: Openauk ist nicht die Kartoffel; HARIOT behauptet nicht, dass er jemals Knollen von Kartoffeln nach England gebracht habe; in der Tat spricht er überhaupt nicht von Kartoffeln, noch erwähnt GERARD Hariots Namen oder den Openauk in Verbindung mit der neu eingeführten Kartoffel. HARIOT beschrieb den Openauk als „eine wilde Wurzel, die man in feuchten und sumpfigen Böden findet und die in Strängen nebeneinander wächst". Die Kartoffel wächst gewiss nicht in sumpfigen Böden und kam in den Vereinigten Staaten oder Mexiko nie spontan vor. Bei Openauk handelt es sich um eine völlig eigenständige Pflanze, *Apios tuberosa* [Amerikanische Erdbirne], im Volksmund Erdnuss oder Indianerkartoffel genannt, die bei den Indianern ein gängiges Nahrungsmittel ist. Dr. Frank G. SPECK[13] von der University of Pennsylvania hat mich darüber informiert, dass die Erdnuss bei den Penobseot[14] immer noch mit dem Wort ponak bezeichnet wird. Wie dem auch sei, aus den Angaben in der „Geschichte der Bermudas" geht eindeutig hervor, dass „die Kartoffel eine der Pflanzen war, die Virginia zu jener Zeit und bis dahin [d. h. 1621] nicht besaß", so dass sie HARIOT nicht bekannt gewesen sein konnte; und es bleibt die Tatsache, dass kein einziger Bericht oder Brief aus Virginia bis zu diesem Datum die Kartoffel erwähnt, während sie nach diesem Datum sehr häufig genannt wird. Die Frage, wem die Ehre gebührt, die Kartoffel als erster nach England gebracht zu haben, ist immer noch ungeklärt: Die Dokumente lassen uns im Stich. Das wichtigste Zeugnis, um das sich die Geschichte der Pflanze in England dreht, ist das von [John] GERARD[15], der lediglich feststellt: „Sie wächst von Natur aus in Amerika [damit ist in der Sprache der damaligen Zeit Südamerika gemeint], wo sie zuerst entdeckt wurde, wie CLUSIUS berichtet, und seitdem habe ich Wurzeln davon

---

12   Henry PHILLIPS: *History of cultivated vegetables: comprising their botanical, medicinal, edible, and chemical qualities, natural history, and relation to art, science, and commerce.* London: H. Colburn 1822. 2 Bde.

13   Vgl. Frank G. SPECK: The Rappahannock Indians of Virginia. *Museum of the American Indian. Indian Notes* 5.1925:3, S. 25–83.

14   Heute meist Penobscot, früher im heutigen Bundesstaat Maine lebende Algonkin.

15   John GERARD (1545–1612): *The Herball of generall historie of plantes.* London: John Norton 1597. 1392 S.

aus Virginia, auch Norembega[16] genannt, erhalten und die in meinem Garten wachsen und gedeihen wie in ihrem eigenen Heimatland." GERARDs ausführliche Beschreibung und Illustration der Kartoffel wurde vor allem in England heftig kritisiert, allerdings eher zu Unrecht. In meinem demnächst erscheinenden Buch, in dem die Geschichte der Kartoffel in England ausführlich behandelt wird, habe ich mich zu einer vollständigen Verteidigung von Gerards Darstellung verpflichtet, die von grundlegender historischer Bedeutung ist. Unsere Vorstellungskraft verbindet die Einführung einer so nützlichen Pflanze natürlich gerne mit dem Namen einer Person, insbesondere mit dem einer historisch berühmten Person. Sir Francis DRAKE[17] und Sir Walter RALEIGH[18] wurden in diesem Zusammenhang in Betracht gezogen, und es ist möglich, dass der eine oder der andere einen Anteil an der Einführung hatte, auch wenn es dafür keine Belege gibt; RALEIGH wird in der volkstümlichen Tradition auch die Einführung in Irland zugeschrieben. Die Kartoffel hatte in Europa mehr als ein Jahrhundert lang zu kämpfen, bevor sie allgemein anerkannt wurde; ein rascher Fortschritt in ihrer Verbreitung wurde in England erst im achtzehnten Jahrhundert und in Frankreich und Deutschland noch später erzielt.

Die zivilisierten Völker Asiens haben zwar zahlreiche Pflanzen aus Amerika übernommen, aber sie haben sich noch nicht für die Kartoffel entschieden, sondern behandeln sie eher gleichgültig oder sogar verächtlich. Diese Haltung ist nicht das Ergebnis eines Vorurteils oder eines ererbten Konservatismus, wie oft unterstellt wird, sondern hat ihre Ursache in dem bei diesen Völkern vorherrschenden Ernährungssystem, in dem die Kartoffel keinen Platz und keine lebensnotwendige Notwendigkeit hat. Zwar wird die Kartoffel fast überall in Asien angebaut und ist eine Lieblingsspeise aller armen Bergvölker, selbst in China, aber nirgends hat sie die Agrarwirtschaft tiefgreifend beeinflusst, noch bietet sie einen kontinuierlichen Strom logischer Entwicklung. Da sie nicht national ist, ist ihre Geschichte rein lokal und in eine Reihe unzusammenhängender Bemühungen von sporadischem und isoliertem Charakter aufgeteilt. Andererseits wurde die Batate oder Süßkartoffel in Europa nie gebührend gewürdigt, erwies sich aber im Fernen Osten als Renner. Die Bewunderung und Begeisterung, ja Ekstase, mit der die Batate in China, Liuqiu und Japan aufgenommen wurde, ist in den Annalen der Pflanzeneinführungen ohne Parallele, und ihre Geschichte in diesen Ländern ist eine kleine Romanze, die von kaum einer anderen Nutzpflanze übertroffen wird. Da sie nie aus chinesischen Quellen überliefert wurde, wird hier eine Kurzfassung der

---

16   Norembega, eine legendäre Siedlung im nordöstlichen Nordamerika.
17   Francis DRAKE (um 1540–1596), britischer Freibeuter und Entdecker, erster britischer Weltumsegler.
18   Walter RALEIGH (um 1552–1618), britischer Seefahrer, Staatsmann, Entdecker, zeitweise königlicher Berater, Schriftsteller.

Geschichte wiedergegeben. Im Jahr 1593 wurde die Provinz Fujian in Südchina, vermutlich infolge eines Taifuns, von einer Hungersnot heimgesucht. Der Gouverneur der Provinz, JIN Xuezeng 金學曾, entsandte eine Kommission nach Luzon auf den Philippinen mit dem Auftrag, nach Nahrungspflanzen zu suchen, die die bedauernswerte Notlage seines Volkes lindern könnten. Luzon war damals dicht mit Fujianesen besiedelt, die ihren Landsleuten rieten, die Süßkartoffel mitzunehmen. Die chinesische Chronik berichtet, dass die Männer jenseits des Meeres, d.h. die Spanier, die Ausfuhr dieser Art streng verboten hatten, so dass die Chinesen gezwungen waren, zu einer List zu greifen.[19] Sie wickelten Tauwerk um die knolligen Wurzeln der Bataten, bis sie wie Schiffskabel aussahen, und gaben vor, ihre Schiffe mit Tauen zu beladen. Auf diese Weise erreichten sie 1594 sicher Fujian und lehrten ihre Landsleute den Anbau der neuartigen Pflanze, die mit grenzenloser Freude begrüßt wurde und die Flut der Hungersnot eindämmte. In kurzer Zeit wurden spezielle landwirtschaftliche Abhandlungen und poetische Kompositionen zu Ehren der Batate verfasst, und wie ein Lauffeuer verbreitete sich ihr Anbau in allen Teilen des Landes. Der wirtschaftliche Wert und die nahrhaften Eigenschaften des Neuankömmlings wurden sofort erkannt. Sie ist eindeutig beschrieben und bebildert und wird sorgfältig von den vielen einheimischen Dioscorea-Arten [Yams] unterschieden, mit denen die Batate so häufig verwechselt wird: Die Chinesen nennen sie immer noch die „fremde Dioscorea" oder die „Dioscorea des Gouverneurs Jin" *Jinshu* 金薯, auf dessen Initiative hin sie eingeführt wurde, und weisen mit Bedacht darauf hin, dass sie zuvor in ihrem Land unbekannt war.

Im Jahr 1786 wurde eine kaiserliche Verordnung erlassen, um den Anbau der Batate als Mittel zur Verhinderung von Hungersnöten zu fördern. Von Fujian aus wurde sie etwa fünfzehn Jahre später nach Formosa und bereits 1605 auf die Liuqiu-Inseln verpflanzt. Zu dieser Zeit bildeten die Liuqiu-Inseln noch ein eigenes Königreich, erkannten jedoch die Souveränität des chinesischen Kaisers an. NOGUNI[20] 野國, der Leiter der chinesischen Siedlung in Naba 那覇 [japanisch: Naha], der Hauptstadt des Archipels, überreichte einem einheimischen Dorfvorsteher, GIMA Shinjô 儀間真常[21], Stecklinge der Pflanze; dieser studierte eifrig ihre Anbaumethode und förderte sie in seinem

---

19   Ich habe in den zeitgenössischen spanischen Quellen keine Bestätigung für diese Behauptung finden können; obwohl die Regelung ein wenig nach spanischer Politik riecht, ist mir kein anderes Beispiel für eine derartig rigide Ausschließlichkeit bekannt, und ich bin eher geneigt, eine Übertreibung seitens der Chinesen zu vermuten, die von dem Wunsch angetrieben wird, die Gefährlichkeit ihres Unterfangens zu verherrlichen. [Anm. Laufers]

20   In der Vorlage steht „Nugun". Für die Ermittlung der korrekten Lesungen und der *kanji* in diesem Absatz danke ich Frau Dr. Setsuko KUWABARA sehr herzlich.

21   In der Vorlage steht „Masatsune".

Land. Vor NOGUNis Grab wurde eine Gedenksäule errichtet, und er wird unter dem Namen Umuufushu 芋大主[22]d. h. Ahnherr der Knolle, kanonisiert. Auf Liuqiu, wo Hungersnöte häufig durch Taifune ausgelöst werden, diente die Pflanze als wahrer Lebensretter, und bereits im 17. Jahrhundert wurde sie gründlich eingebürgert und war neben Reis das wichtigste Nahrungsmittel; sie ist noch immer das tägliche Brot der Inselbewohner. Ein japanischer Bauer, MAEDA Riemon 前田利右衛門[23], aus der Provinz Satsuma 薩摩 stammend, machte bei einem Besuch in Liuqiu die Bekanntschaft mit der Batate in der zweiten Hälfte des 17. Jahrhunderts. Nach seiner Rückkehr führte er den Anbau in Satsuma ein, von wo aus er sich über die nördlichen Provinzen Japans verbreitete. Das Grab von Riemon ist als Kara-imo-den 唐芋殿 („Tempel der Süßkartoffel") bekannt, wo jedes Frühjahr und jeden Herbst die Seele dieses einfachen Bauern von seinen dankbaren Landsleuten Opfergaben erhält. Die früheste japanische Abhandlung über die Landwirtschaft, das *Nōgyō-zensho* 農業全書, das 1696 von MIYAZAKI Yasusada 宮崎安貞 (1623–1697) verfasst wurde, enthält eine sehr ausführliche Beschreibung der Natur und der Anbaumethoden der Batate und wurde in den Jahren 1716 und 1734 durch zwei umfangreiche Monographien ergänzt. Während vier Jahren der Knappheit, 1832, 1844, 1872 und 1896, wurde die japanische Bevölkerung ausschließlich durch Süßkartoffeln gerettet. Die Nomenklatur entspricht den historischen Tatsachen: in Liuqiu ist sie als Chinesische *Dioscorea*, in Satsuma als Liuqiu-Dioscorea und im übrigen Japan als Satsuma-Dioscorea bekannt. De CANDOLLE und alle früheren Forscher, die ihm blindlings folgten, wurden durch eine oberflächliche Aussage von [Emil] BRETSCHNEIDER[24] in die Irre geführt, der laut de Candolle „bewiesen hat, dass die Art zum ersten Mal in einem chinesischen Buch aus dem zweiten oder dritten Jahrhundert unserer Zeitrechnung beschrieben wird". Dies ist jedoch ein Trugschluss und bezieht sich auf eine Art von *Dioscorea*, nicht auf *Convolvulus batatas*. Dieses Bollwerk eines angeblichen asiatischen Ursprungs der Batate, das in zahlreichen Büchern angepriesen wurde, ist nun gefallen. Zu Gunsten von de CANDOLLE muss jedoch hinzugefügt werden, dass er „starke Argumente für einen amerikanischen Ursprung sah, und dass dieser ihm viel stärker erschien". Aber es gab keinen prähistorischen Austausch der Pflanze zwischen der Neuen und der Alten Welt oder umgekehrt, wie er weiter andeutete; die Pflanze ist eindeutig amerikanischen Ursprungs und wanderte erst nach ihrer Entdeckung in die Alte Welt ein. In der Tat gibt es kein einziges Dokument, aus dem eine vorko-

---

22   In der Vorlage steht „Mmuushume".
23   In der Vorlage steht „Riuemon".
24   (1833–1901) deutschbaltischer Arzt, Botaniker und Sinologe. Vgl. H. WALRAVENS: *Emil Bretschneider – russischer Gesandtschaftsarzt, Geograph und Erforscher der chinesischen Botanik. Eine Bibliographie.* Hamburg: C. Bell 1983. 50 S. 4° (Han-pao tung-Ya shu-chi mu-lu 22.)

lumbianische Existenz der Batate in Asien oder Afrika vernünftig abgeleitet werden könnte. In Indien taucht sie gegen Ende des sechzehnten Jahrhunderts als eine von den Portugiesen eingeführte Art auf und ist in allen dravidischen Sprachen unter dem portugiesisch-amerikanischen Begriff *batata* bekannt. Auf den Molukken wird sie kastilisch genannt, auf Java und Bali catela, in Anlehnung an kastela-kastilisch. Es wird sogar von seriösen Gelehrten behauptet, dass die Batate seit der Antike auf den Südseeinseln heimisch sei. Ich kann keine greifbaren Beweise für diese Meinung finden. Gewöhnlich kommt es zu Verwechslungen mit anderen Arten wie *Ipomoea mammosa*, einer *Convolvulus*-ähnlichen Pflanze mit einer essbaren Wurzel, die aber einen anderen botanischen Charakter hat; sie stammt von den Molukken, wo sie auch kultiviert wird, und es handelt sich wahrscheinlich um die Batate, die PIGAFETTA 1521 [s.u.] auf den Molukken erwähnt. Die frühen spanischen Aufzeichnungen, z.B. über die Entdeckung der Salomonen, erwähnen Taro [*Colocasia esculenta*, Familie: Araceae] und zwei Yamssorten, aber nicht die Batate, und die Spanier, die aus Südamerika kamen, waren sicherlich mit dieser Pflanze vertraut. Bataten wurden zusammen mit Mais, Kürbissen und *Phaseolus pallar*[25] von einer spanischen Expedition unter Don Domingo BOENECHEA[26] im Jahr 1772 aus Peru nach Tahiti eingeführt, und einige Jahre später berichtet [José] ANDÍA Y VARELA[27], dass die Tahitianer zwei oder drei Sorten davon anbauen. Die neuseeländischen Maori unterscheiden deutlich zwischen ihrer einheimischen Art und der später aus Amerika eingeführten. Schließlich gibt es das Zeugnis der frühen Entdecker Amerikas und der zeitgenössischen europäischen Botaniker, vor allem das des großen CLUSIUS[28], der 1566 Spanien besuchte, wo er drei Bataten-Arten beobachtete und beschrieb. Er stellt fest, dass sie in der Neuen Welt spontan wächst, von wo aus sie nach Spanien gebracht wurde. „Wir haben sie manchmal frisch in Belgien", fügt er hinzu, „aber sie keimen hier nicht, weil das Land zu kalt ist." Nicolás MONARDES[29], Arzt in Sevilla im Jahr 1572, beschreibt die Batate ebenfalls als eine aus Amerika stammende Pflanze, die zu seiner Zeit in Spanien weit verbreitet war und konsumiert wurde.

25   *Phaseolus lunatus* L., Limabohne.

26   1713–1775, Seefahrer im Dienst des spanischen Königs. Er unternahm zwei Pazifik-Expeditionen (1772–1775).

27   (um 1730–nach 1774), spanischer Seefahrer.

28   Charles de l'ECLUSE (1526–1609), flämischer Arzt und Botaniker. Er verfaßte u.a. *Rariorum plantarum historia*. Antverpiae: Moretus 1601 (364, CCCXLVIII S.), und *Exoticorum libri decem*. Leiden: Raphelengius 1605. 378, 52 S.

29   Nicolás MONARDES (1493–1588), spanischer Arzt und Botaniker. Sein bedeutendstes Werk ist *Historia medicinal de la cosas que se traen de nuestras Indias Occidentales*. Sevilla 1574. 206 Bl.

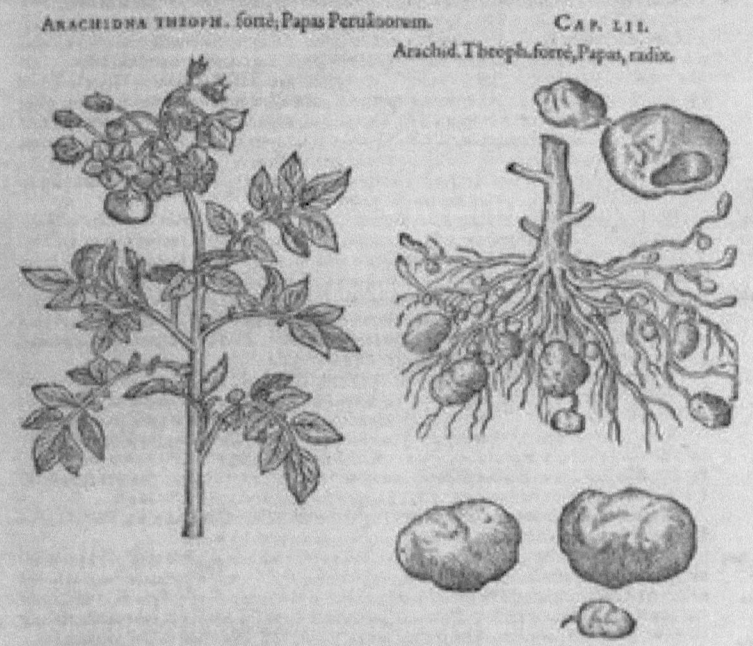

Charles de L'ÉCLUSE: *Rariorum plantarum historia.* 1601

Die Geschichte der Ananas ist von besonderem Interesse, weil sie so auffallend individualistisch ist, ganz im Gegensatz zu der des Mais, die so unpersönlich ist. Eine Pflanze mit so bemerkenswerten Eigenschaften forderte die Aufmerksamkeit aller aufmerksamen Reisenden heraus. Es gibt kaum eine andere Pflanze, deren Geschichte durch eine solche Flut von interessanten Dokumenten beleuchtet wird. Ich habe mehr als zweihundert Dokumente über die Ananas zusammengetragen, die es mir ermöglicht haben, die Schritte ihrer Wanderung mit ziemlicher Genauigkeit nachzuvollziehen. Die Ananas, der König aller Früchte, wie sie oft genannt wird, gehört zur Ordnung der Bromeliae, die aus 28 Gattungen und 176 Arten besteht, die alle auf dem amerikanischen Kontinent und den Inselgruppen beheimatet sind und von dort aus in viele Teile der Alten Welt verbreitet wurden. Besonders interessant ist die Tatsache, dass die hochgezüchteten Sorten von *Ananassa sativa* infolge des langjährigen Anbaus samenlos geworden sind. Dieses charakteristische Merkmal wurde bereits 1557 von Andre THEVET[30] hervorgehoben – ein sicheres Indiz für das hohe Alter des Anbaus im präkolumbianischen Amerika. Die Samen sind in Westindien so rar, dass selbst unter dreißig oder vierzig Früchten selten mehr als ein einziger zu finden ist. Die Pflanze wird daher in der Regel durch Kronen, Stecklinge, Ableger und Triebe vermehrt. Die Krone liefert die kräftigsten Pflanzen und die besten Produkte. Die Pflanzen werden nur zu Zuchtzwecken aus Samen gezogen, um neue Sorten zu erhalten, aber es dauert zehn bis zwölf Jahre, bis eine Pflanze aus Samen reif ist. Die wilde Ananas hingegen ist voller Samen, aber klein, selten größer als ein Apfel, zäh und eher säuerlich im Geschmack. Erst durch den Anbau hat die Frucht ihre Größe und ihren hervorragenden Geschmack erlangt. Dies war bereits der Fall, als die ersten Entdecker der Antillen und Südamerikas die Frucht kennenlernten. Die uns zur Verfügung stehenden Dokumente lassen den Schluss zu, dass die Ananas zur Zeit der Eroberung das Gebiet Brasiliens, Guayanas, Kolumbiens, Teile Mittelamerikas und der Westindischen Inseln als sorgfältig kultivierte Pflanze besetzte. Bereits 1519 wird sie in Brasilien von PIGAFETTA[31] als „eine Frucht, die einem Kiefernzapfen ähnelt, sehr süß und schmackhaft ist, in der Tat die feinste Frucht, die es gibt", erwähnt.

André THEVET besuchte Brasilien in den Jahren 1555–56 und beschrieb die Frucht korrekt unter dem Tupi-Namen *nana*. Damals wurde sie von den Eingeborenen medizinisch verwendet, die auch einen starken Wein aus ihr

---

30 André THEVET (1516–1590), Geistlicher und Naturforscher, verfaßte einen der frühesten Reiseberichte über Brasilien: *Les singularités de la France antarctique.* 1557, der großes Aufsehen erregte.

31 Antonio PIGAFETTA (Vicenza vor 1492–nach 1524), Entdeckungsreisender, Historiker der ersten Weltumsegelung durch Fernão de Magalhaes. James Alexander ROBERTSON (Hg.): Antonio Pigafetta. *Magellan's Voyage Around the World.* The original text of the Ambrosian ms., with English translation, notes, bibliography, and index. 3 Bde. Cleveland, Oh. 1906.

herstellten. Thevets Aussage, dass „die Frucht keinerlei Samen trägt und daher mit Hilfe von kleinen Stecklingen gepflanzt wird, so wie bei uns Früchte veredelt werden", belegt, dass der Anbau in Brasilien viele, viele Jahrhunderte alt sein muss. Jean de LÉRY[32], der hugenottische Geistliche, der 1557 nach Brasilien kam, ist der erste, der das Wort Ananas als aus der Sprache der „Wilden" stammend verwendet. Christoval de ACUÑA[33] fand 1639 heraus, dass die Indianer des Amazonastals Ananas als Nahrungsmittel verwendeten. In seiner „Entdeckung von Guayana" (London, 1596) spricht Sir Walter RALEIGH[34] von einer „großen Fülle von Ananas, der Prinzessin der Früchte, die unter der Sonne wachsen, besonders die von Guayana". Obwohl Kolumbus selbst die Ananas nicht erwähnt, wird sie von seinen Zeitgenossen und Epigonen erwähnt, die sich auf seine Tagebücher, Briefe und Berichte stützen; allen voran Peter Martyr d'ANGHIERA[35], der in der zweiten und dritten Dekade seines erstmals 1516 veröffentlichten Werks *De Orbe Novo* drei Notizen über die kuriose Pflanze liefert; dies ist der früheste existierende Bericht über die Ananas. Martyr beschreibt sie als ein Kraut, das einem Pinienzapfen[36], der Artischocke oder dem Akanthus ähnelt, das in den Gärten der westindischen Inselbewohner gezüchtet wird und einer königlichen Tafel würdig ist; König Ferdinand von Spanien hatte eine von Darien verschiffte Frucht gegessen und sie in den höchsten Tönen gelobt. Eine ausführliche, wenn auch etwas langatmige und umständliche Beschreibung findet sich in OVIEDOs[37] „Historia general y natural de las Indias" (1535). Es gibt zahlreiche alte Berichte über Kuba, Porto Rico und andere Inseln, wo viele Sorten schon früh gezüchtet wurden. Im alten Peru war die Ananas unbekannt: Sie ist in der peruanischen Archäologie auffallend abwesend, da sie weder in Gräbern noch auf Tongefäßen zu finden ist. Joseph ACOSTA[38] stellt in seiner „Historia natural y moral de las Indias" ausdrücklich fest: „Sie wächst nicht in Peru, sondern wird aus den Anden dorthin gebracht, und diese Frucht ist weder gut noch

---

32   Jean de LÉRY (1536–1613), kalvinistischer Geistlicher, Forschungsreisender. Er verbrachte zwei Jahre in Brasilien und verfaßte daraufhin seine *Histoire d'un voyage fait en la terre du Bresil, autrement dite Amerique*. La Rochelle: Chuppin 1578. 424 S.

33   Cristóbal de ACUÑA (1597–1670), spanischer Jesuit und Historiker der Neuen Welt.

34   Walter RALEIGH (1552–1618): *The discoverie of the large rich, and bevvtiful empire of Guiana*. London: Robinson 1596. 112 S.

35   Pietro Martire d'ANGHIERA (1457–1526), italienischer Historiker in spanischen Diensten. Er beschrieb die Entdeckungen in Mittel- und Südamerika in seinen *De orbe novo Petri Martyris Anglerii Mediolanensis Protonotarii Cesaris decades*. Compluti: Eguia 1530. 117 Bl.

36   *Pine-nut* bezeichnet heute Pinienkerne. Der Kontext weist aber eher auf *pine cones*, Pinienzapfen.

37   Gonzalo FERNANDEZ DE OVIEDO Y VALDES (1478–1557): *Historia general de las Indias*. Sevilla: Cromberger 1535. CXCIII Bl.

38   José de ACOSTA (1539–1599), spanischer Jesuit und Chronist. Er verfaßte *Historia natural y moral de la Indias*. Sevilla: Juan de Leon 1590. 535 S.

reif." CIEZA DE LEON[39] erwähnt sie nur als in Cali, einer spanischen Siedlung in Peru, wachsend, zusammen mit einer Reihe von aus Spanien und Westindien eingeführten Pflanzen. Schließlich gibt es ein offizielles, wenn auch etwas verspätetes Zeugnis, das besagt, dass die Pflanze aus Brasilien nach Peru eingeführt wurde. G. PISO[40] behauptet 1658, dass die Frucht nach einer Aussage von vertrauenswürdigen alten Eingeborenen aus Brasilien von Brasilien nach Peru verbracht wurde. Das mündliche Zeugnis alter Männer, vor allem wenn es sich um ein Ereignis handelt, das mindestens ein Jahrhundert zurückliegt, unterliegt zwar einem gewissen Misstrauen, aber es besteht kein Zweifel daran, dass die Ananas erst nach der Eroberung nach Peru eingeführt wurde. Es ist nicht falsch, diesen Punkt zu betonen, wenn man bedenkt, dass die „Treasury of Botany" angibt, dass die Ananas den Europäern zuerst in Peru bekannt wurde, wo sie *nanas* genannt wird; und die meisten unserer Wörterbücher, sogar das Oxford New English Dictionary, definieren *ananas* fälschlicherweise als ein peruanisches Wort. In Wirklichkeit gibt es dieses Wort in keiner peruanischen Sprache und auch nicht im Spanischen. Aus den Berichten von THEVET und de LERY geht eindeutig hervor, dass das Wort seinen Ursprung in Brasilien hat, wo es noch immer im Tupi vorkommt. Der brasilianisch-portugiesische Begriff hat alle Volkssprachen Afrikas, Indiens, Malaysias und alle europäischen Sprachen mit Ausnahme des modernen Englisch erobert, wobei die Ananas dem spanischen *pinia* nachempfunden wurde, während im siebzehnten und achtzehnten Jahrhundert das englische ananas noch häufig war. Das Alter der Frucht in Mexiko und bei den Maya scheint nicht gut belegt zu sein: SAHAGUN[41] erwähnt sie offenbar nicht. Geronimo BENZONI[42] aus Mailand, der sich von 1541 bis 1555 in Mexiko aufhielt, gibt in seiner „Geschichte der Neuen Welt" von 1578 eine kurze, wenn auch farblose Beschreibung der Pflanze, ohne besonderen Bezug auf Mexiko. Francisco HERNANDEZ[43] schreibt in seinem „Rerum Medicarum Hispaniae Thesaurus" (Rom, 1651), dass er die Ananas (von ihm als *Pinea indica*

39   Pedro CIEZA DE LEON (um 1520–1554), spanischer Eroberer und Historiker Perus. Vgl. seine *Obras completas* 1: La crónica del Perú. Madrid: Inst. Gonzalo Fernández de Oviedo, 1984. XVIII, 382 S.

40   Willem PISO (1611–1678), niederländischer Arzt und Pionier der Tropenmedizin, der sich mit anderen Wissenschaftlern der achtjährigen Expedition des Grafen Johann Moritz von Nassau-Siegen nach Brasilien anschloß. Zusammen mit Georg MARGGRAF verfaßte er *Historia naturalis Brasiliae*. Lugd. Bat.: Hackius 1648. 122, 293 S.

41   Bernardino de SAHAGUN (1499/1500–1590), spanischer Franziskaner, Missionar in Mexiko, Historiker des der aztekischen Kultur, Verfasser der zwölfbändigen *Historia general de la cosas de Nueva España* (spanisch und nahuatl), erste Manuskriptfassung 1569.

42   Girolamo BENZONI (1519–nach 1572), italienischer Reisender und Historiker. Sein Reisebericht erschien unter dem Titel *La Historia del Mondo Nuovo*. Venetia: Rampazetto 1565. 175 Bl.

43   Francisco HERNANDEZ (1517–1587): *Rerum medicarum Novae Hispaniae Thesaurus seu plantarum, animalium, mineralium Mexicanorum historia*. Roma: Mascardi 1651. 950, 90 S.

bezeichnet) in den warmen Regionen Mexikos und Haitis gefunden hat, und liefert eine Zeichnung davon unter dem aztekischen Namen *matzatli*. Dieser vergleichsweise späte Nachweis reicht jedoch nicht aus, um die mexikanische Ananas als präkolumbianisch zu betrachten. Nach W. POPENOE wurde die Ananas zweifellos von den alten Maya kultiviert und wird noch immer in mehreren Gärten in der Nähe von Copan angebaut. Diese Schlussfolgerung wird jedoch aus den heutigen Bedingungen abgeleitet; sie ist rückblickend und muss noch durch solidere Daten untermauert werden. Auf den Westindischen Inseln kommt die Ananas ausschließlich in kultiviertem Zustand oder gelegentlich als Flüchtling vor, wobei dieser Anbau zweifellos auf ein altes Datum zurückgeht und zur Zeit der spanischen Eroberung bereits vollzogen war. Die wilden Verwandten der Pflanze und viele andere Vertreter der Gattung sind jedoch in Brasilien und Guayana zu finden. Es ist daher vernünftig, Brasilien als das Mutterland des Ananasanbaus zu betrachten: Brasilien war eines der großen Zentren der Urlandwirtschaft, aus dem auch die Süßkartoffel, der Maniok, die Erdnuss, *Capsicum*, verschiedene Bohnenarten und andere stammen. Die Ananas wurde unter Captain TUCKER (1616–19), dem dritten Gouverneur der Inseln, von den Westindischen Inseln nach Bermuda eingeführt.

Ein früher Versuch, die Frucht in Virginia zu akklimatisieren, schlug fehl. W. STRACHEY[44] berichtet 1614: „Die Wurzeln der köstlichen indischen Pina, an einem sandigen Ort angesiedelt, gediehen und lebten weiter, ohne dass man sich um sie kümmerte, bis der kalte Winter und das Unkraut sie erstickten; dennoch wird diese Frucht als zart, schön und von solcher Art bezeichnet, dass keine Kunst oder Versuch bisher gefunden worden, der sie in irgendeinem Clymate bewahren konnte, außer auf den Westindischen Inseln." Im Dezember 1621 wurden „pines" (Ananas) von den Bermudas nach Virginia verschifft, zusammen mit Kartoffeln, Zuckerrohr und Kochbananen, und begannen gut zu gedeihen, wie wir aus einem zeitgenössischen Dokument erfahren, das von PURCHAS veröffentlicht wurde. Ich konnte bisher keine weiteren Dokumente ausfindig machen und weiß nicht, was das Ergebnis dieser ersten Versuche war. Der Anbau von Ananas im Süden Floridas ist ein neueres Ereignis, nicht älter als 1886.

In der englischen Literatur wird die Ananas erstmals 1568 in der „New Found Worlde or Antarctike" erwähnt, einer Übersetzung von André THE-VETs „Singularitez de la France antarctique autrement nominee Amerique"; zum zweiten Mal 1580 in John FRAMPTONs „Joyfull Newes out of the New Found World", das auf dem spanischen Werk von Nicolás Monardes beruht. John GERARD kennt die Pflanze in seinem berühmten „Herball" von 1597 noch nicht, aber in der zweiten Auflage von 1633, die von Thomas JOHNSON

---

44   „Historie of Travaile into Virginia", S. 31. Hakluyt Society. [Anm. Laufers]

vorbereitet wurde, wird sie beschrieben und von einem Holzschnitt der Frucht begleitet. John PARKINSON [1567–1650][45] ist in seinem 1640 erschienenen „Theatrum Botanicum" ausführlicher in seiner Beschreibung, genauer in seiner Abbildung und gibt mehr Informationen über die Geschichte der Pflanze. Er erklärt, dass die Anana oder westindische köstliche „Kiefer" zuerst aus Santa Cruz in Brasilien gebracht wurde, wo sie wild wächst, und von dort nach Ost- und Westindien eingeführt wurde, da sie in beiden Ländern nicht heimisch ist; in Brasilien wird sie von den Eingeborenen *nana* und *anana*, von den Spaniern und Portugiesen aber *piñas* genannt. Im Jahr 1657 erhielt Oliver CROMWELL vier Ananas, die von einer aus China zurückkehrenden Gesandtschaft mitgebracht worden waren. Auf dieses Ereignis spielt John EVELYN [1620–1706] in seinem „Tagebuch"[46] an, wo er unter dem Datum des 9. August 1661 schreibt: „Ich sah zum ersten Mal die berühmte Königin-Ananas, die von Barbados gebracht und seiner Majestät Charles II. präsentiert wurde; aber die ersten, die jemals in England gesehen wurden, waren die, die Cromwell vier Jahre zuvor geschickt wurden." Unter dem Datum des 19. August 1668 lesen wir in EVELYNs „Tagebuch" Folgendes: „Ich sah den prächtigen Auftritt des französischen Botschafters COLBERT, der im Bankethaus empfangen wurde ... . Während des Abendessens stand bei Seiner Majestät jene seltenen Frucht, die man die „Königs-Kiefer" nennt und die auf Barbados und den Westindischen Inseln wächst; die erste, die ich je gesehen habe. Nachdem Seine Majestät sie aufgeschnitten hatte, gab er mir gerne ein Stück von seinem eigenen Teller zum Probieren; aber meiner Meinung nach reicht sie nicht an die hinreißenden Köstlichkeiten heran, die in der Geschichte von Kapitän Ligon[47] und anderen beschrieben werden; aber vielleicht ist sie auch nur so weit gekommen, oder sie wurde sicherlich stark beeinträchtigt; sie hat noch eine angenehme Säure, schmeckt aber mehr nach Quitte und Melone als nach irgendeiner anderen Frucht, die er erwähnt." Aus dieser Notiz geht hervor, dass die Ananas von König Charles aus Amerika importiert wurden.

Lady Mary Wortley MONTAGU (1689–1762) schreibt in einem ihrer Briefe, datiert aus Blankenburg, 17. Dezember 1716: „Ich war besonders überrascht über die große Anzahl von Orangenbäumen, viel größer als alle, die ich je in England gesehen habe, obwohl das Klima hier sicherlich kälter ist. Aber noch mehr Grund zum Staunen hatte ich an jenem Abend an der Tafel des Königs (in Hannover). Es wurden ihm von einem Herrn aus diesem Land zwei große Körbe voller reifer Orangen und Zitronen verschiedener Sorten gebracht, von

45 *Theatrum botanicum: containing therein a more ample and exact history and declaration of the physicall herbs and plants that are in other authours, encreased by the accese of many hundreds of new, rare, and strange plants from all the parts of the world.* London: Cotes 1640. 1755 S.

46 *The diary of John Evelyn, Esq., F.R.S. from 1641 to 1705-6; with memoir.* Ed. by William Bray. London: Warne 1889. 619 S.

47 Richard LIGON, Mitbesitzer einer Zuckerplanatage, pries die Ananas in seiner *A true and exact history of the Island of Barbadoes.* London: Moseley 1657. 122 S.

denen viele für mich ganz neu waren; und, was ich dachte, was den ganzen Rest wert ist, zwei reife Ananas, die für meinen Geschmack eine vollkommen köstliche Frucht sind. Ihr wisst, dass sie von Natur aus in Brasilien wachsen, und ich konnte mir nicht vorstellen, wie sie dorthin kommen konnten, außer durch eine Verzauberung. Auf Nachfrage erfuhr ich, dass sie ihre Öfen so perfektioniert haben, dass sie den Sommer so lange verlängern, wie es ihnen gefällt, indem sie jeder Pflanze den Grad an Wärme geben, den sie in ihrem heimischen Boden von der Sonne erhalten würde. Der Effekt ist fast derselbe; ich bin überrascht, dass wir in England eine so nützliche Erfindung nicht praktizieren. Über die Herkunft der beiden Ananas, die an der kurfürstlichen Tafel in Hannover serviert wurden, erfahren wir etwas von dem Philosophen [Gottfried Wilhelm] LEIBNIZ, der um 1714 folgendes schrieb:

„Alle Reisenden der Welt hätten uns durch ihre Beziehungen nicht das gegeben, was wir einem Herrn dieses Landes verdanken, der drei Meilen von Hannover, fast am Ufer der Weser, die Ananas mit Erfolg züchtet und die Methode zu ihrer Vermehrung herausgefunden hat, so dass wir sie vielleicht eines Tages so reichlich aus eigenem Anbau haben werden wie die Orangen in Portugal, wenn auch allem Anschein nach ein gewisser Mangel im Geschmack bestehen wird." Diese Bemerkung bezieht sich auf Otto von MÜNCHHAUSEN[48], der zu Beginn des achtzehnten Jahrhunderts in seinen Gärten unweit von Hameln große Gebäude zu dem ausdrücklichen Zweck errichtete, Ananas zu züchten. Lady Montagu lag jedoch nicht ganz richtig mit ihrer Vermutung, dass eine so nützliche Erfindung in England nicht praktiziert wurde. Tatsächlich wurden Ananas in englischen Gewächshäusern bereits einige Jahre vor ihrer Etablierung in Deutschland angebaut. Dies geschah zuerst in den Gärten von Amsterdam mit Hilfe von Pflanzen, die aus Java, Surinam und Curaçao eingeführt wurden, und von Holland aus verbreitete sich die Kunst nach England, Frankreich und Deutschland. Im achtzehnten Jahrhundert verstand fast jeder Gärtner in England die Kultur von Ananas in Gewächshäusern. Es gibt eine Reihe sehr interessanter Abhandlungen zu diesem Thema, die von

---

48   Otto von MÜNCHHAUSEN (1716–1774), Botaniker, Korrespondent von Carl von Linné und Kanzler der Universität Göttingen. Er legte einen 8 Hektar großen englischen Landschaftspark in Schwöbber an. – Hier dürfte allerdings Otto I. von MÜNCHHAUSEN (1643–1717) gemeint sein, der 1700 den bald berühmten Garten anlegte, der 1714 von Johann Christoph VOLKAMER in seinen *Nürnbergischen Hesperiden* beschrieben wurde und Zar Peter d. Gr. 1715 zu einem Besuch bewegte, „da er sich für die zur damaligen Zeit größte Pflanzensammlung Europas und die Orangerie mit ihrer Ananaskultur interessierte" (Wikipedia).

praktischen englischen Gärtnern wie SPEECHLY [49], ABERCROMBIE [50] und BALDWIN[51] verfasst wurden und alle Einzelheiten zu den zahlreichen Sorten enthalten, die damals produziert wurden. Im Fitzwilliam Museum in Cambridge wird eine Landschaft von NETSCHER[52] aufbewahrt, in der eine Ananas vorgestellt wird. Es handelt sich um die erste Ananas, die jemals in England Früchte getragen hat, und sie wurde in den Gärten von Sir Matthew DECKER[53] in Richmond in Surrey (1712) angebaut.

Theodorus NETSCHER: Ananas im Garten DECKERS. 1720

---

49   William SPEECHLY (1735–1819), Obergärtner bei William Henry Cavendish-Bentinck, 3rd Duke of Portland. Er veröffentlichte *Treatise on the culture of the pine apple*. York 1779. XVII, 186 S.

50   John ABERCROMBIE (1726–1806), schottischer Gärtner und fruchtbarer Publizist im Bereich Gärtnern. Er veröffentlichte *The hot-house gardener on the general culture of the pine-apple and methods of forcing early grapes* ... London: Stockdale 1789. 238 S.

51   Thomas BALDWIN: *Short practical directions for the culture of the Ananas; or pine apple plant.* Warwick: Sharpe 1818. 33 S.

52   Theodorus NETSCHER, niederländischer Maler (1661–1728). Das Bild stammt von 1720.

53   Matthew DECKER (1679–1749) war ein aus Holland stammender britischer Kaufmann und 1713–1743 einer der Direktoren der East India Company. Seine beheizten Treibhäuser waren eine Novität.

Bald nach der Entdeckung von St. Helena im Jahr 1502 pflanzten die
Portugiesen die Ananas zusammen mit vielen anderen Früchten, Gemüse-
sorten, Getreide und Vieh auf der Insel an, wo sie nach kurzer Zeit prächtig
gedieh. Es besteht kein Zweifel daran, dass die Portugiesen die Pflanze schon
früh an der West- und Ostküste Afrikas und auf Madagaskar verbreiteten;
durch ihre Vermittlung gelangte der Begriff *ananaz, nanasi* oder *manasi* in die
einheimischen Sprachen Afrikas. Im Bericht über die holländische Expedition
nach Guinea im Jahr 1602 wird die Frucht und ihre Nützlichkeit ausführlich
beschrieben; ihr Anbau durch die Bewohner Guineas war damals eine
vollendete Tatsache. M. HEMMERSAM[54] schreibt in seinem Bericht über seine
Reise an die Küste Guineas (1639-45), dass „die Mauren eine Menge Ananas,
wie sie diese Frucht nennen, die einer Artischocke gleicht, verzehren; sie
kochen sie auch, indem sie sie mit Palmöl vermischen, das sie für alle ihre
Speisen anstelle von Fett verwenden; sie gehört zu den besten Früchten dieses
Landes und gibt ein ausgezeichnetes Gericht ab, wenn sie in Scheiben
geschnitten und in spanischem Wein eingeweicht wird, aber ein Zuviel davon
bringt Unwohlsein mit sich." Etienne de FLACOURT [1607–1660], der von 1648
bis 1655 Gouverneur von Fort-Dauphin auf Madagaskar war, hat interessante
Beobachtungen über den Ananasanbau auf der Insel hinterlassen, die in seine
„Histoire de la grande isle Madagascar" (1661) aufgenommen wurden. Zur
gleichen Zeit wurde die Pflanze auch auf Reunion (Bourbon) und Mauritius
angebaut, wie wir von [Abraham] DU QUESNE[55] [um 1653–1724] und François
LEGUAT[56] [1638–1735] erfahren. Die Sorte von Mauritius ist von besserer
Qualität und wurde auch in Indien eingeführt. Um 1660 pflanzten die
Holländer am Kap der Guten Hoffnung Ananas an. Sie waren von George
MEISTER[57] [1653–1713], einem professionellen Gärtner, aus Java mitgebracht
worden, der diese Geschichte in seinem sehr interessanten Tagebuch selbst

---

54   Michael HEMMERSAM: *Guinesische und west-indianische Reißbeschreibung de An. 1639 biß*
      1645 von Amsterdam nach St. Joris de Mina, ein Castell in Africa und nach Brasilien in America :
      anjetzo aber mit Kupf. gezieret. Anjetzo zum andern mal wieder aufgelegt. Nürnberg: Fürst [1669].
      109 S.

55   *A new voyage to the East-Indies in the years 1690 and 1691 ; being a full description of the isles of*
      Maldives, Cicos, Andamants, and the Isle of Ascention. London: Dring 1696. 187, 128 S.

56   *Voyage et avantures de François* LEGUAT *et de ses compagnons, en deux isles désertes des Indes*
      orientales : avec la relation des choses les plus remarquables qu'ils ont observées dans l'isle Maurice...
      Londres : D. Mortier, 1720. 2 Bde.

57   *Der Orientalisch-Indianische Kunst- und Lust-Gärtner : Das ist: Eine aufrichtige Beschreibung Derer*
      meisten Indianischen/ als auf Java Maior, Malacca und Jappon, wachsenden Gewürtz- Frucht- und
      Blumen-Bäume/ wie auch anderer raren Blumen/ Kräuter- und Stauden-Gewächse/ sampt ihren
      Saamen/ nebst umbständigen Bericht deroselben Indianischen Nahmen/ so wol ihrer in der Medicin
      als Oeconomie und gemeinem Leben mit sich führendem Gebrauch und Nutzen; Wie auch Noch
      andere denckwürdige Anmerckungen/ was bey des Autoris zweymahliger Reise nach Jappan, von Java
      Maior, oder Batavia, längst derer Cüsten Sina, Siam, und rückwerts über Malacca, daselbsten
      gesehen ... Dresden : In Verlegung des Autoris, 1692. 310 S.

erzählt. Um 1550 oder kurz danach wurde die Ananas in Südindien eingeführt durch Garcia DA ORTA [1499–1568], einen portugiesischen Arzt, Autor der berühmten „Coloquios dos simples e drogas da India" [58] (Goa, 1563), eingeführt, der sie als eine Einführung aus Brasilien erwähnt; aber mehr als das – sie wird unmissverständlich im *Ain-i Akbari* („Geschichte des Kaisers Akbar") beschrieben, das 1597 von Abū'l Faḍl Allāmi [1551–1602] geschrieben wurde.[59] Der Kaiser Jahangir erzählt in seinen „Memoiren" unter dem Jahr 1616, wie ihm ein großes Tablett mit Früchten, darunter Ananas, aus den Häfen der Frangi, also der Franken, Portugiesen, gebracht wurde. „Einige Pflanzen dieser Frucht", so der Kaiser weiter, „wurden in meine Privatgärten in Agra gesetzt, und nach einiger Zeit brachten sie mehrere Tausend dieser Frucht hervor." Huygen van LINSCHOTEN[60] [1563–1611] beschreibt 1596 die Ananas als eine der besten und wohlschmeckendsten Früchte in ganz Indien und fügt hinzu: „Aber es ist keine eigentliche indische Frucht, sondern eine fremde, denn sie wurde zuerst von den Portingalles aus Brasilien mitgebracht, so dass sie anfangs als Neuheit für einen *pardão* pro Stück und manchmal mehr verkauft wurde, aber jetzt werden so viele im Lande angebaut, dass sie sehr billig sind." Fast alle Indienreisenden des siebzehnten Jahrhunderts beschreiben die Frucht und loben sie. François PYRARD[61] [um 1570–1621], der von 1601 bis 1611 durch den Osten reiste, zählt sie sogar zu den Erzeugnissen Nepals. Zur gleichen Zeit verbreitete sie sich auch in Bengalen, wo Nicolao MANUCCI [1639–1717][62] von einem umfangreicheren Anbau als irgendwo sonst in Indien berichtete und wo die Frucht auch konserviert wurde; in der zweiten Hälfte des 17. In Assam, insbesondere in den Khasis-Hügeln, sowie in

---

58   *Colloquies on the Simples and Drugs of India.* Translated with an introduction and index by Sir Clements MARKHAM. Ed. and annotated by the Conde de Ficalho. London: Sotheran 1913. 508 S.

59   Engl. Übersetzung: *The Ā'īn-i Akbarī* Vol. I. By Abū-l-Fazl Allāmi. Translated into English by H. BLOCHMANN. Ed. by Lieut.-Colonel D.C. Phillott. Calcutta: Asiatic Society of Bengal 1927. (Bibliotheca indica.); *The Ā'īn-i Akbari* Vol. II–III. By Abu l-Fazl Allami. Translated into English by H. S. JARRETT. Second Edition, corrected and further annotated by Sir Jadunath Sarkar. 1949. Calcutta: Asiatic Society of Bengal 1927. (Bibliotheca indica.).

60   Jan Huygen van LINSCHOTEN: *Itinerario: voyage ofte schipvaert, van Jan Huygen van Linschoten naer Oost ofte Portugaels Indien, inhoudende een corte beschrijvinghe der selver landen ende zee-custen, met aenwijsinge van alle de voornaemde principale havens, revieren, hoecken ende plaetsen, tot noch toe vande Portugesen ontdeckt ende bekent; waer by ghevoecht zijn, niet alleen die conterfeytsels vande habijten, drachten ende wesen, so vande Portugesen aldaer residerende, als vande ingeboornen Indianen, ende heure tempels, afgoden, huysinge ...* ; alles beschreven ende by een vergadert, door den selfden ... t'Amstelredam: Claesz, 1596. 160 S.

61   *The Voyage of François PYRARD of Laval to the East Indies, the Maldives, the Moluccas and Brazil.* Translated into English by Albert GRAY, assisted by H. C. P. Bell. Vol. 1–3. Cambridge Univ. Pr. 1887–1890.

62   *Storia do Mogor or Mogul India 1653–1708.* Translated with introd. and notes by William IRVINE. London: Murray 1907–1908. 4 Bde.

den Wäldern Ceylons ist sie dem Anbau entgangen und hat sich somit scheinbar spontan entwickelt, aber selbst diese halbwilden Pflanzen werden von den Eingeborenen noch immer mit den brasilianisch-portugiesischen Begriffen ananas, annasi usw. bezeichnet, die mit leichten Abänderungen in allen Sprachen Indiens und Malaysias wiedergegeben werden, mit der einzigen Ausnahme des Tagalog, das das spanische *piña* übernommen hat. Noch vor Ende des sechzehnten Jahrhunderts erreichte die Ananas Malakka und Java. Das Produkt aus Malakka erwarb bald einen guten Ruf im ganzen Osten. Im Jahr 1637 fand Peter MUNDY, ein bekannter englischer Reisender, auf der Durchfahrt durch die Straße von Singapur und sogar auf abgelegenen Inseln wie Pulo Tinggi vor der Ostküste von Johor Ananas angebaut. Engelbert KAEMPFER begegnete ihnen 1690 auf seiner Reise von Batavia nach Siam auf der Insel Puli Tumon nahe der Ostküste von Malakka. In China begegnet uns die Frucht seit dem Beginn des siebzehnten Jahrhunderts. Sie wird in chinesischen Aufzeichnungen nicht früher erwähnt. Die Behauptung, die Pflanze sei über die Philippinen nach China gelangt, ist jedoch nicht richtig. Chinesische Autoren sind in diesem Punkt zurückhaltend, und es ist wahrscheinlicher, dass die Portugiesen sie von Malakka nach Macao brachten, wo sie immer noch angebaut wird und von wo aus sie in die Provinz Guangdong und auf die Insel Hainan verbreitet wurde. Von Hainan aus wurde sie nach Fujian und Formosa gebracht, wo sie bereits 1650 von John STRUYS entdeckt wurde. Andererseits scheint sie auch von Birma aus in die Provinz Yunnan gelangt zu sein. Chinesische Namen wie „ausländische Jackfrucht", „königliche Birne" oder „Phönixbirne" deuten ebenfalls auf eine erst kürzlich erfolgte Einführung hin. Ananasanbau und -konservenherstellung haben in China und Indochina eine große wirtschaftliche Bedeutung erlangt, da die Frucht von allen Bevölkerungsschichten in großen Mengen verzehrt wird und die Fasern des Blattes für Textilien verwendet werden. In Japan wurde die Frucht erst 1845 von den Holländern in Nagasaki eingeführt.

NARDI ANT. RECCHI LIB. VIII. 311

De *MATZATLI*, *seu Pinea Indica*. Cap. *LXXIIX*.

MATZATLI, feu Pinea Indica, dicta fic ab Hifpanis huius orbis colonis, ob fructum, fimilitudinem Pineam habentem, planta eft folia Iridis mittens, fed fpinofa. radicem fibratam, craffamque. & vnicum pomum, germinibus circumcirca exorientibus, ac altero in culmine Pomi. detractis his ac fatis, radices ftatim aguntur, alterumq. producitur pomum Pineis noftratibus magnopere, vt dictum eft, fimile, fimilibus ftipatum germinibus. initio hoc apparet rubrum, fed procedente tempore, ac rubefcente adhuc germine, pallefcit. Alumna eft *Haitinæ* Infulæ, huiufque nouæ H.fpaniæ calidarum regionum, montofisq. in locis incola. Sapor eft dulcis, acidufque. temperies frigida, atque ficca, ac fucco manans natura. Exhibetur febrientibus refrigerij gra-
... ad excitandam appetentiam. retineturque ore, vt fitim mitiget, & lin... humectet. quamquam in bilem facile conuerti dicatur. Sapor eft eius ... us, quem vulgus Malocotoneum vocant, non fine quodam, vt dictum ...ore. condita aliquando faccharo, atque ita delata in Hifpanias, gratiffimo ... placuere. at recentia fecantur in frufta, ac muria permittuntur imma-...ere, vt pars in bilem apta nata conuerti, exiccetur, ac velut euanefcat.

...unc Carduum fub Ananas nomine defcribit Acofta cap. 44. aitque ex Occiden-
Orientem effe tranflatum. Addit, cultellum, fi per noctem in vulnere Pineæ
... relinquatur, corrofum effe. quod quidem à re quauis acida fieri cuiuis mani-
...m eft.

...niedus lib. 7. cap. 13. hiftoriæ naturalis Indicæ, iconem excepta radice propofuit
...nterq. defcripfit, fub Tatama nomine. cuius verfionem lege apud Clufium in
...ad Garciam lib. 2. cap. 5. de Mangas.

...itatur etiam Theuetus, qui Nana vocari ait ab Americanis.

... adem habet Herbarium Lugdunenfe lib. 18. cap. 75. vbi etiam Icon exhibetur,
...rens tamen paululum.

...Monardes cap. 63. Strobilium, & Nucem Pineam vocari ait.

De

De matzatli seu Pinea indica, aus HERNANDEZ: *Rerum medicarum Novae Hispaniae Thesaurus.* Rom 1651.

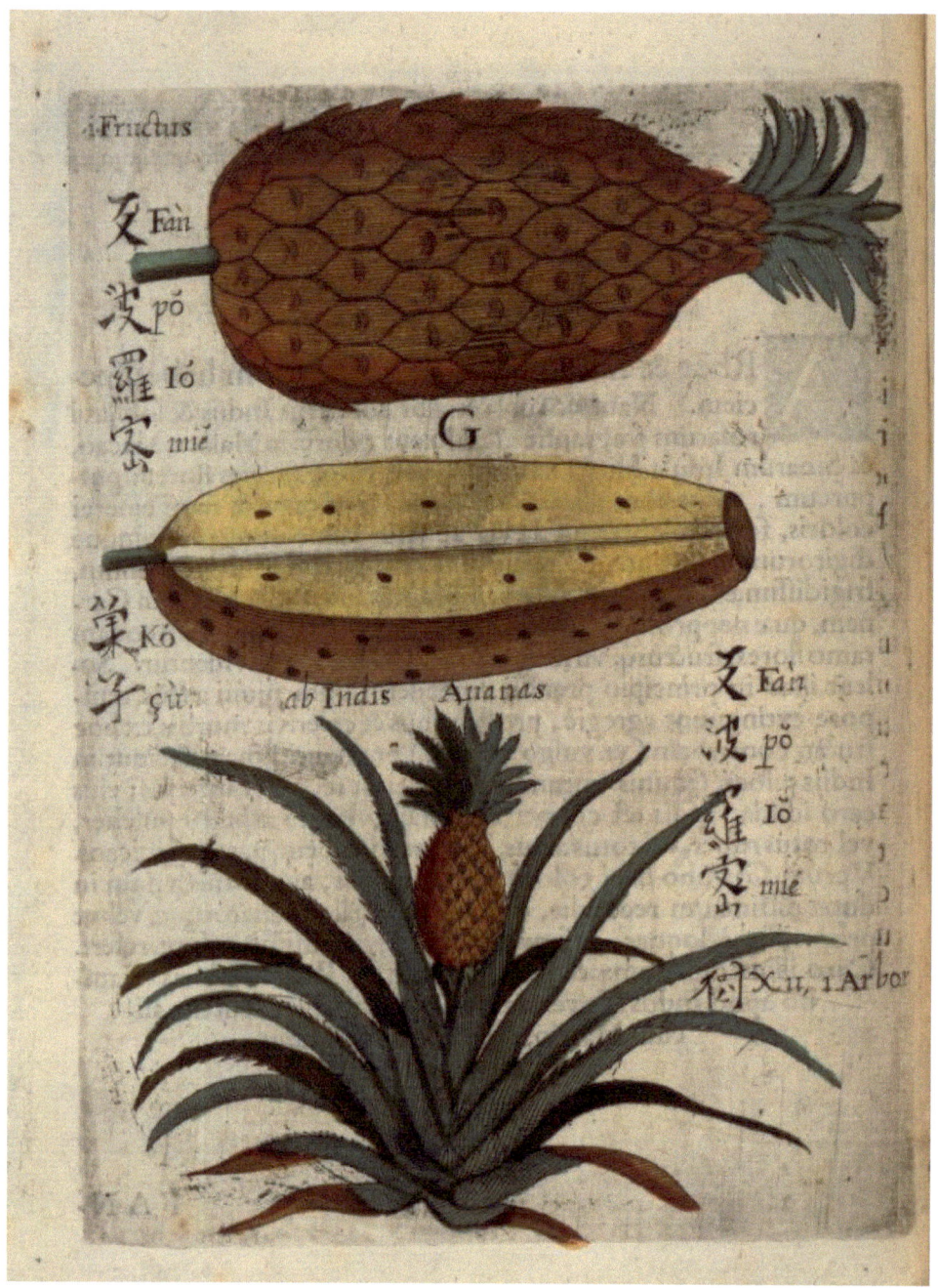

Fan boluomi 反波羅密. Aus: Michael BOYM S.J.: *Flora sinensis*. Viennae 1656.
[Nicht von Laufer erwähnt; vgl. H. WALRAVENS (Hrsg.): Michael Boym: *Flora Sinensis*. Wien 1656. Erlangen: Harald Fischer 2002. CD-ROM]

Neuere Literatur über Berthold Laufer

Laufers Publikationen sowie die ältere Sekundärliteratur sind in Laufer: *Kleinere Schriften*. Bd. 1.1976 verzeichnet.

Beiträge des Herausgebers:

Übersicht über die mandjurischen Abklatsche in amerikanischen Sammlungen.
Tractata altaica (Festschrift für Denis Sinor). Wiesbaden 1976, 743–753
Bestände der Sammlung Laufer in New York und in Chicago.

Berthold Laufer: *Kleinere Schriften*. Bd 1. Mit Vorwort von J. Needham.
Wiesbaden: Steiner 1976. CXLVI, 1443 S.
(Sinologica Coloniensia 2.)
Im Vorspann Schriften- und Nachlaßverzeichnis Laufers.

Deutsch-mandjurisches Wörterverzeichnis (nach H. C. von der Gabelentz'
Mandschu-Deutschem Wörterbuch) durchgesehen von Hartmut Walravens
und Martin Gimm.
Wiesbaden: Franz Steiner 1978. IX, 612 S. gr.8°
(Sinologica Coloniensia 4.)
Das Manuskript stammte aus dem Nachlaß von Berthold Laufer und erwies sich erst später
als eine Arbeit von Wilhelm Grube (1855–1908).

Berthold Laufer: *Kleinere Schriften*. Bd 2.
Wiesbaden: Steiner 1979. LIII, 1625 S. gr.8°
(Sinologica Coloniensia 7.)
Inhalt (außer dem Nachdruckteil)
Ergänzungen zur Bibliographie in Bd 1
Daten über die Familie Laufer
Vita
Zeitungsberichte über Laufers Tod
Biographische Skizze. Von Henry Field
Laufers Visitenkarte und Doktordiplom
Korrespondenz mit Franz Boas
Korrespondenz mit Erwin von Zach

Berthold Laufer [1874–1934] and his rubbings collection.
Journal of the American Oriental Society 100.1980, 519–522
Die Sammlung befindet sich im Field Museum of Natural History.

Fudi bowuguan cang taben juying 富地博物館藏拓本聚瑛
Catalogue of Chinese rubbings from Field Museum. Researched by Hoshien Tchen,
M. Kenneth Starr; prepared by Alice Schneider, Photographs by Herta Newton
and Field Museum Division of Photography. Edited by Hartmut Walravens.
(Chicago: Field Museum of Natural History) 1981. LX, 746 S. gr.8°
(FMNH Publication 1327.)

(Fieldiana Anthropology NS 3.)
Ein grosser Teil der Sammlung (etwa 2/3) stammt von B. Laufer.

Laufer, Berthold [1874–1934]
Neue Deutsche Biographie 13.1982, 710–711

*Peter Schmidt [1869–1938], Ostasienwissenschaftler, Linguist und Folklorist. Mit unver-
öffentlichten Briefen Schmidts.*
Hamburg: C. Bell 1982. 80 S. 4°
(Han-pao tung-Ya shu-chi mu-lu 5.)
Mit den Briefen von Schmidt an Berthold Laufer (1874–1934) in Chicago.

Kleinere Schriften von Berthold Laufer. Teil 3: Nachträge und Briefwechsel.
Herausgegeben.
Stuttgart: Franz Steiner Verlag 1985. 500 S. gr.8°
(Sinologica Coloniensia 13.)
Enthält u.a.:
Laufers phonographische Aufnahmen (Katalog).
Christoph Cüppers: Tibetische Lieder aus dem Nachlaß Laufers.
Rahul Peter Das: Vier Lieder aus Bengalen aus Laufers Nachlaß.
Korrespondenz mit zahlreichen Autoren.

[Hrsg.] *Sino-Tibetan studies*. Selected papers on the art, folklore, history, lin-
guistics and prehistory of sciences in China and Tibet. By Berthold Laufer.
Collected by Hartmut Walravens. Preface by Lokesh Chandra. Vol. 1–2.
New Delhi: (Aditya Prakashan) 1987. 762 S. 8°
Das Material sollte ursprünglich innerhalb der Laufer-Edition erscheinen, mußte aber aus
Kostengründen unberücksichtigt bleiben.

Berthold Laufer [1874–1934]: *Briefwechsel mit dem American Museum of Natural
History. – Guide to the Exhibition of the Chinese Collections, AMNH*. Nebst weiteren
Briefen Berthold und Heinrich Laufers. Eine Ergänzung zu: Berthold Laufer:
Kleinere Schriften.
Berlin: Bell 1991. II, 126 S. 4°
(Han-pao tung-Ya shu-chi mu-lu 36.)

Popular Chinese music a century ago: Berthold Laufer's legacy.
Fontes Artis Musicae 47.2000, 345–351

Briefe an Berthold Laufer.
W. A. Unkrig (1883–1956). Leben und Werk. Mit einigen seiner mongolistischen
Beiträge.
Wiesbaden: Harrassowitz 2003. 230 S. ISBN 3-447-04619-8
(Asien- und Afrika-Studien der Humboldt-Universität zu Berlin 12.)

Zwei Briefe Berthold Laufers an Gabriel Ferrand (1864–1935).
Zeitschrift der Deutschen Morgenländischen Gesellschaft 160.2010, 303–308

Pēteris Šmits as a Manchu and Chinese expert. His relations with Berthold Laufer and Erwin von Zach.
Miscellanea Asiatica. Festschrift in honour of Françoise Aubin. Ed. by Denise Aigle, Isabelle Charleux, Vincent Goossaert and Roberte Hamayon.
St. Augustin: Monumenta Serica Institut 2010, 765–779
(Monumenta Serica Monographs 61.)

Berthold Laufer (1874–1934): Sammlung japanischer Alltagsgeräte für das American Museum of Natural History (mit Setsuko Kuwabara)
Münchner Beiträge zur Völkerkunde 14.2010/11, 267–282

B. Ja. Vladimircov: Ergänzungsbibliographie zu Berthold Laufer: Skizze der Mongolischen Literatur. Übersetzt und herausgegeben von H. Walravens.
Zentralasiatische Studien 39.2010, 53–71

Berthold Laufer.
Sinologie in Köln. Von Adam Schall bis in die Gegenwart. Biobibliographien.
Berlin: Staatsbibliothek 2017. 250 S.
(Staatsbibliothek zu Berlin. Neuerwerbungen der Ostasienabteilung. Sonderheft 48.)
Publikationsverzeichnis.

Beiträge anderer Autoren

Bennet Bronson: Berthold Laufer.
Fieldiana Anthropology. 36.2003, 117–126

Shaoxin Dong: A study on the so-called Dong Qichang album discovered by Berthold Laufer.
Religion & the Arts 20.2016, 92–111

John Haddad: To inculcate respect for the Chinese. Berthold Laufer, Franz Boas, and the Chinese exhibits at the American Museum of Natural History, 1899–1912.
Anthropos 101(1): 123–144

Bruce Cameron Hall: On the Narthang Kanjur and Tanjur collected by Berthold Laufer.
Journal of the American Oriental Society 107.1987, 123–124

Der Einfluss von Kulturpflanzen aus China und Amerika auf Europa im 17. und 18. Jahrhundert

Hartmut Walravens

Einleitung

In den Berichten über die Entdeckungsreisen nach Ostasien spielen Pflanzen eine wichtige Rolle. Zunächst waren Gewürze wie Pfeffer besonders begehrt; sie waren leicht zu transportieren und versprachen hohen Gewinn. Orangen, gern mit den Äpfeln der Hesperiden des Altertums verglichen, Lizhi-Früchte, Zimt, Tee, Rattan und Ginseng erregten Aufmerksamkeit. Die Rinde des Zimtbaumes, Tee und Ginsengwurzeln kamen als Produkte relativ früh nach Europa, während lebendige Pflanzen, soweit nicht erfolgreich aus Samen zu ziehen, erst nach der Erfindung von Wardschen Kästen (kleinen Terrarien, benannt nach Nathaniel Bagshaw WARD), die damals langen Seereisen und Klimawechsel erfolgreich überstanden.

An dieser Stelle soll die frühe Bekanntschaft der Europäer mit der chinesischen Flora im Mittelpunkt stehen. Die beiden ersten Monographien, die sich der Beschreibung Chinas widmeten, berichteten nur kurz über chinesische Pflanzen. Juan GONZALEZ DE MENDOZAs (1545–1618) Geschichte des grossen und mächtigen Reiches von China [63] erschien zuerst 1585 in Rom. Der Autor war ein Augustinermönch, der vom spanischen König 1580 nach China gesandt wurde, doch über Neuspanien nicht hinauskam. Von Papst Gregor XIII. war er beauftragt, Informationen über China zusammenzutragen, und so wertete er die zahlreichen spanischen Quellen in Mexiko aus. Mendoza lobte die chinesischen Kastanien und erwähnte, wohl erstmals, Lizhis. Die zweite China-Monographie stammt von dem China-Missionar Alvaro SEMEDO S. J.[64] (1586–1658); er beschrieb die Pfirsiche von Shaanxi und die Kaki-Frucht (*Diospyros kaki* L.), auch Rhabarber, Ginseng und Lizhis. Eine wesentlich grössere Anzahl von Pflanzen nannte sein Ordensbruder Martin MARTINI[65] (1614–1661) aus Trient in Südtirol in seinem bedeutenden *Novus Atlas sinensis* (Amsterdam: Blaeu 1655), der in vier Sprachen erschien, so Granatapfel, Lizhi, *Citrus decumana* (Pampelmuse), Buddhahand-Zitrone, Hibiscus, *Paeonia moutan* (Strauchpäonie), Zimtbaum, Maulbeerbaum, Rattan, Lackbaum, Ginseng, Rhabarber, um nur einige zu nennen. Manche Pflanzen sind nur kurz genannt, andere wiederum haben durchaus längere Beschreibungen. Einer detaillierteren Rezeption in Europa stand hier der Mangel an Abbildungen entgegen.

Da sorgte die *Flora sinensis*[66] des polnischen Jesuiten Michael Boym[67] (1612–1659) für Abhilfe: der schmale Band von 75 Seiten, der 1656 in Wien erschien, bietet für die meisten beschriebenen Pflanzen Tafeln im Quartformat und in Kolorierung! Da das

---

63   Mendoza (1585).
64   Semedo (1642).
65   Vgl. Malek, Zingerle (2000).
66   http://digital.onb.ac.at/OnbViewer/viewer.faces?doc=ABO_%2BZ175515607
      https://www.wbc.poznan.pl/dlibra/publication/edition/513682/content
      https://digital.slub-dresden.de/werkansicht/dlf/66771/8
      https://www.biodiversitylibrary.org/bibliography/123322
      https://www.biodiversitylibrary.org/item/222715#page/7/mode/1up
      Boym (1656); Boym (2002).
67   Kajdański (2009); Chang (2010); Walravens (1987); Walravens (2011); Walravens (2014).

Buch heute zu den Raritäten gehört und es im 17. Jh. zu den wichtigsten Quellen für die „chinesische" Pflanzenwelt zählte, seien Autor und Inhalt kurz vorgestellt.

Michael Boym S.J. (1612–1659)
Mit 19 Jahren trat Boym, gebürtig aus Lviv (Lemberg), aus ursprünglich ungarischer Familie, in den Jesuitenorden ein und wurde für die Chinamission ausgewählt. Die Reise ging von Rom aus über Lissabon und Goa nach Macao – damals die Standardroute für die Missionare. Eine Besonderheit ist zu vermerken – es gab einen mehrmonatigen Zwischenaufenthalt in Mosambik, um den Monsun für die Weiterreise nach Goa abzuwarten. Und über diese Zeit sind wir durch ein längeres Schreiben Boyms, in der Literatur kurz als Cafraria bezeichnet, vom 11. Januar 1644 unterrichtet.[68] Boym langte 1645 in Macao an und wirkte 1647 als Missionar in Hainan; als die Mandschus die Insel einnahmen, ging er nach Tongking und dann 1649 nach Macao zurück, wo er bat, nach China geschickt zu werden. Der Vizeprovinzial Alvaro SEMEDO (1586–1658) entsandte ihn daraufhin an den Hof des letzten Mingkaisers, der vor den vordringenden Mandschus immer weiter nach Süden zurückweichen musste. Der Jesuit Andreas Wolfgang KOFFLER (1612–1652) betreute dort die kon-vertierte Familie des Thronprätendenten ZHU Youlang 朱由榔 (1611–1662) und eine aktive Gemeinde, zu der u.a. der Eunuch Achilles PANG Tianshou 龐天壽 （†1657), der General Thomas QU Shisi[69] 瞿式耜 (1590–1651) und Lukas JIAO Lian 焦璉 († 1651) gehörten. Die schwierige militärische und politische Lage zwang den Prätendenten, sich nach jedmöglicher Unterstützung umzusehen, und so wurde der Plan entwickelt, einen Gesandten nach Rom zu senden und um Hilfe zu bitten. Michael BOYM wurde bereits Anfang Januar 1650 zusammen mit einem chinesischen Begleiter, Andreas ZHENG, und mit Beglaubigungsschreiben versehen, auf die Reise geschickt. Die Geschichte dieser unter einem unglücklichen Stern stehenden Gesandtschaft ist mehrfach dargestellt worden[70], daher sei nur kurz zusammengefasst, dass die Behörden in Macao, aber auch zahlreiche Jesuiten gegen diese Reise waren, und daraus viele Schwierigkeiten entstanden; der Vizeprovinzial SEMEDO war nicht darüber informiert.

Allerdings war BOYM ja nicht Abgesandter der Mission, sondern des Ming-Prätendenten. So gingen gleichzeitig mit ihm der Rektor CITADELLI aus Macao und Martin MARTINI (1614–1661) zur Lösung der Ritenfrage nach Rom, wobei die unterschiedlichen Zielrichtungen und Beurteilungen zwangsläufig konfliktträchtig waren. Von Goa aus musste Boym die Landreise nach Smyrna unternehmen und gelangte von dort nur mit Hilfe des französischen Gesandten nach Venedig. Da in Europa inzwischen die beherrschende Stellung der Mandschus in China bekannt geworden war und die Pekinger Jesuiten sich längst mit den Mandschus arrangiert hatten, wurde Boym als unseriös, ja als Hochstapler betrachtet und brauchte drei Jahre, um zum Papst vorzudringen, der ihn schliesslich anerkannte, aber auch nichts Ernsthaftes unternahm, ja unternehmen konnte. Auf der Rückreise hatte Boym mit ähnlichen Hindernissen zu kämpfen und versuchte auf dem Landwege über Hanoi nach Südchina vorzudringen, kam aber dabei ums Leben.

---

68   Archivum Romanum S.I., Goa 34-I, fol. 150–160 – Vgl. Wallisch (2005).
69   Jäger (1933).
70   Girard de Rialle (1890); Kleiser (1926); Malatesta (1995).

Zur Flora sinensis

BOYM war Verfasser mehrerer Werke über China: der *Flora sinensis* (Wien 1656), einiger Beiträge zu Athanasius Kirchers *China illustrata* (Amsterdam 1667), eines Atlas von China (ungedruckt)[71] und Übersetzungen chinesischer medizinischer Traktate, die zwar gedruckt wurden, aber seine Autorschaft nicht deutlich machten.

Boym hat auf seiner Gesandtschaftsreise nach Europa Wien nicht berührt, und so kann das Manuskript des Werkes wohl nur entweder auf dem Postwege oder durch einen Boten an die Jesuitenniederlassung in Wien gelangt sein. Warum just nach Wien – hierüber schweigen die Quellen. Immerhin erfahren wir aus dem Vorspann, dass die Lehranstalt der Jesuiten dem jungen Grossherzog Leopold Ignatius, der gerade zum König von Ungarn gekrönt worden war, das Werk widmete, nicht zuletzt im Sinne der Förderung der Chinamission der Jesuiten. Das geschah mit Absicht und Zustimmung Boyms, der ja doch eine Widmung für den nun 16jährigen König von Ungarn beigesteuert hatte. Wenn der Botaniker A. de CANDOLLE auch der Meinung war, dass Boym *Flora* zuerst im modernen Sinne als Beschreibung der Gewächse einer Region verwendet[72], so zeigt doch der Kontext, dass Flora immer noch als (allegorische) Person auftritt – „Flora dixit" Flora hat gesagt. China ist der Garten, in dem die Wurzel Jesse eine kleine Blüte (flosculus) treibt. Im ganzen Buch erscheint *flos* mit seinen Ableitungen ständig und mit Absicht, so auch, wenn der junge König *florentissimus* genannt wird. Da das Buch in Rom vollendet wurde, ist es denkbar, dass es der Einfluss eines kurz davor in Rom erschienenen Buches seines Mitbruders Ferrari war, das Flora, die römische Göttin, im Titel führte.[73]

Die *Flora Sinensis* ist ein Sammelwerk; vielleicht waren die einzelnen Teile als Grundlage eigener Publikationen gedacht oder als Beiträge zu anderen Werken; die Ankündigung mehrerer Werke am Schluss der *Briefve Relation* (auch bei Pfister[74], 275–276, wiedergegeben) scheint dies anzudeuten.

Die Situation war dem nicht günstig; nachdem Boym endlich seine Mission anerkannt sah und die Antwortschreiben des Papstes erhalten hatte, musste er schleunigst wieder nach China reisen. Insofern wurden der eigentlichen Flora verschiedene Fragmente bzw. Anhänge beigegeben – die Beschreibung mehrerer Tiere[75], aber auch des Kreuzes der Inschrift von Xianfu. Boym hat dies selbst noch in die Wege geleitet, wie wir seinem Vorwort entnehmen können.

---

71   *https://digi.vatlib.it/view/MSS_Borg.cin.531*
72   Vgl. Szcześniak (1949/5), 492; nach Alph. de Candolle: *La phytographie.* Paris 1880, 250. Da es bereits vorher eine *Flora Danica* gab, scheint das übrigens nicht gerechtfertigt.
73   Vgl. Ferrari (1638). Ferrari lehrte bis 1640 am Collegio Romano. Vgl. Golvers (2011).
74   Pfister (1932/34).
75   Darunter ein in Mosambik gezeichnetes Flusspferd. Zu den Tieren vgl. Bocci, Ptak (2011).

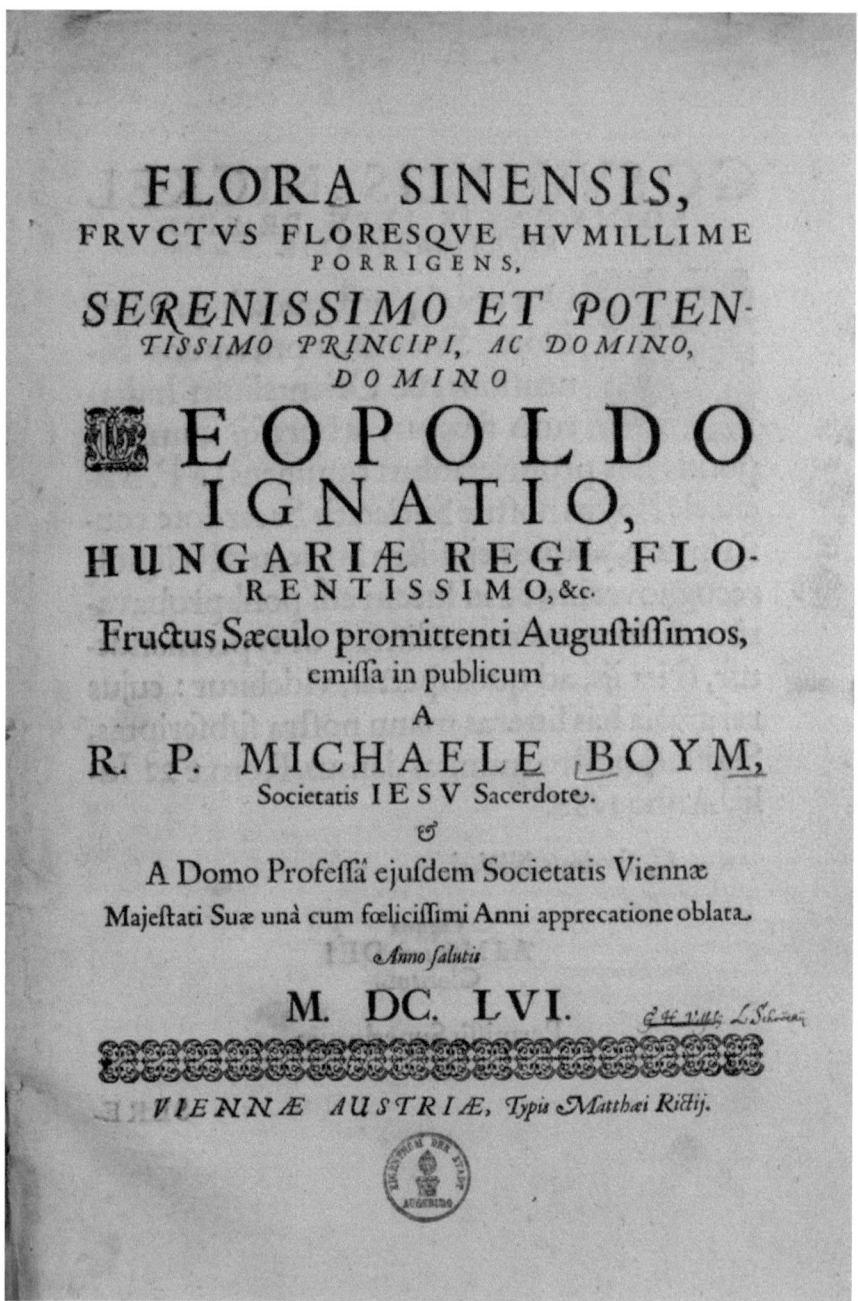

Abb. 1. Titelblatt der *Flora sinensis*

Insofern bleibt es auch offen, ob der Titel des Werkes von Boym stammt. Die Ankündigung nennt es *fructus et arbores qui in regnis Sinarum tantummodo, aut in sola India orientali reperiuntur, depicti cum brevi descriptione proprietatum.* Dieser Titel entspricht dem botanischen Inhalt genauer. In den unmittelbar von Boym stammenden Beiträgen erscheint der Begriff Flora nicht, lediglich in der Widmung. Boyms Beschreibungen sind auf dem Niveau der Zeit. Ganz offensichtlich beruht vieles Gesagte auf eigenen Beobachtungen und nicht auf Übersetzungen aus chinesischen Werken. Den besonderen Reiz machen die Tafeln aus; es ist anzunehmen, dass Boym kolorierte Vorlagen für den Druck lieferte, da es sonst in Wien in Abwesenheit des Autors schwer gewesen sein dürfte, eine adäquate Farbgebung zu erreichen. Wichtig sind auch die chinesischen Zeichen, die, wenngleich vom Wiener Holzschneider verstümmelt, doch lesbar sind und die Identifikationen bestätigen. Boym war sich durchaus bewusst, dass er mehr eine Auswahl in Südostasien und Indien wachsender Bäume und Pflanzen gab, denn in der Einleitung sagt er: „Ich habe dir, freundlichster Leser, die hauptsächlichsten Früchte und Bäume der Chinesen und Inder in Abbildung vorgelegt ...“[76]

Beispiel einer Beschreibung:

„Sv-Pim (Abb. 3). Chinesische Frucht [*Diospyros Kaki* L.]
Baum & Frucht Su-pim wächst bei den Chinesen sehr viel. Sie ist von goldener & purpurner Farbe, grösser als ein Apfel & hat weiches, rötliches Fleisch mit ähnlicher Schale. Kerne birgt sie hier und da im Innern. Wenn sie getrocknet wird, ist sie den europäischen Feigen am ähnlichsten und wird, auf viele Jahre haltbar gemacht, von den chinesischen Ärzten häufig bei Arzneimitteln verwendet. Diese fürwahr erlesene Frucht reift in Guangdong & Tongking (?) im Januar, Februar & März, aber in Shaanxi & Henan & anderen Nordprovinzen im Juni, Juli & August. Der mit diesen purpurnen Früchten beladene Baum bietet einen sehr angenehmen Anblick; damit sie nicht von den Vögeln geerntet werden, wird ständig Wache gehalten.“

---

76 Hier ist der Inhalt des botanischen Teils der *Flora*, mit den chinesischen Namen nach Boym, der Umschrift in Pinyin sowie mit den botanischen Namen.
1. Yay Cv 椰樹 (Yeshu) – Cocos nucifera L.
2. Pim Lam 檳榔 (Binlang) – Areca catechu L.
A. Fan Yay Cu 反椰樹 (Fan Yeh-shu) – Carica Papaya L.
B. Pa-Cyao (Bajiao) 芭焦 – Musa sapientum L.
C. Kia-Giv 檟如 (Jiaru) – Anacardium occidentale L.
D/E. Li-Ci 荔枝, Lum-Yen 龍眼 (Lizhi, Longyan) – Litchi chinensis Sonn., Nephelium longana
F. Giam-Bo 攘波 (Rangbo) – Eugenia jambos L. (und E. malaccensis L.)
G. Fan-Po-Lo-Mie 反波羅密 (Fan boluomi) – Ananassa sativa Lindl.
H. Man ko 蠻果 (Manguo) – Mangifera indica L.
I. Pi Pa 枇杷 (Pipa) – Eriobotrya japonica Lindl.
K. Cieu Ko 臭果 (Chouguo) – Psidium guajava L.
L. Po-Lo-Mi 波羅密 (Boluomi) – Artocarpus integra L.
M. Sv-Pim 柿餅 (Shibing) – Diospyros kaki L.
N. Ya-Ta 亞大 (Yada) – Anona squamosa L.
O. Du-Liam 土利按 (Tuli'an) – Durio zibethinus L.
P. Fructus innominatus – Cynometra cauliflora L.
Q. (Hu cyao) 胡椒 (Hujiao) – Piper nigrum L.
R. (Kuey pi) 桂皮 (Guipi) – Cinnamomum cassia (L.) D. Don
S. (Tay huam) 太黃 (Taihuang) – Rheum sp.
T. (Fo-lim) 茯苓 (Fuling) – Smilax pseudo-china L.
U. S(em Kiam) 生姜 (Shengjiang) – Zingiber officinale Roscoe

Zwischen der *Flora sinensis* und Boyms Manuskript gebliebenem Atlas von China[77] (erhalten in der Vatikanischen Bibliothek) sowie seinen Reisenotizen gibt es Zusammenhänge. So sind einige der dargestellten Tiere und Pflanzen auch auf den Atlaskarten zu finden:[78] Zimt bei Guangxi, Rhabarber bei Shaanxi, *Smilax pseudo-china* bei Guizhou, Ingwer bei Fujian, der Leopard bei Peking. Das Flusspferd (oder ist es hier ein Wasserbüffel?) und die Ananas stammen aus seiner (erst kürzlich veröffentlichten) *Cafraria*.[79] Auf die Caphres und die Cafraria wird in den Beschreibungen in der Flora denn auch Bezug genommen.

Die Tafeln, im Quartformat, handkolorierte Holzschnitte, sind nicht schlecht ausgeführt und für eine europäische Darstellung überseeischer Pflanzen und Tiere beachtlich. Auffällig an der Flora ist vor allem der hohe Anteil an in Amerika beheimateten Früchten[80], die in Südostasien und in Südchina offenbar üppig wuchsen, so dass Boym sie teils als einheimisch ansah, jedenfalls sie der Aufnahme in sein Buch würdigte.

Die Quellenlage der *Flora sinensis* ist unklar. Bei den amerikanischen Früchten sind vor Boym keine Berichte von *chinesischer* Seite nachweisbar, und so muss man annehmen, dass Boym die Beschreibungen aus eigener Anschauung und Gesprächen mit Einheimischen gewonnen hat. Für die Ananas und die Cashewnuss finden wir die unmittelbare Quelle in der erwähnten *Cafraria*.

Die Wirkung der Flora sinensis

Ein Vergleich zeigt, dass Kircher[81] zwar gern die *Flora Sinensis* (er nennt sie *Flora sinica*) herangezogen hat, aber keineswegs in dem Masse, wie es aus der Darstellung bei Szczesńiak erscheinen mag. Nur die Abbildungen von 5 Pflanzen sind übernommen bzw. adaptiert, und lediglich die Beschreibung des Rhabarbers ist fast vollständig zitiert.[82] In den anderen Fällen ist teils nur der Name der Frucht genannt, wenn überhaupt.

Die Ananas – die freilich damals schon in Südchina üppig gedieh und auch von MARTINI erwähnt wird – wie auch die Cashew-Nuss (Abb. 2) gehen also auf Boyms Notizen aus Mosambik zurück. *Carica papaya*, *Anacardium occidentale* und *Anona squamosa* wurden vor ihm dort nicht genannt und sind eindeutig amerikanischen Ursprungs. *Mango*, *Eugenia jambos* und Brotfrucht stammen aus Indien, und auch Cocos und Arecapalme sind zwar in Südostasien verbreitet, aber man würde sie nicht

---

77   *Magni Catay ... octodecim geographicae tabulae.* Sign.: Borg. Cin. 531 (Biblioteca Vaticana); *https://digi.vatlib.it/view/MSS_Borg.cin.531;* Krzyszkowski (1934); Fuchs (1952); Szczesniak (1965); Csillag (2020).

78   Es war ja durchaus im Geschmack der Zeit, Landkarten mit dekorativen Illustrationen zu schmücken. Schon Ricci tat dies auf seiner chinesischen Weltkarte wie auch nach ihm Ferdinand Verbiest (1674). Vgl. zum letzteren Walravens (1991). Vgl. die Aufzählung der Illustrationen bei Szczesniak (1953), 70.

79   Manuskript im Archivum Romanum Societatis Iesu. Das Flusspferd sieht im Atlas aber mehr wie ein Büffel aus und mag wohl eher dem Gu shi huapu nachempfunden sein. Vgl. Csillag (2020).

80   Nämlich Carica, Anacardium, Ananassa, Psidium und Anona.

81   Kircher (1667). – Zu Kircher (1602–1680), Professor am Collegium Romanum und Universalgelehrtem, vgl. Krafft (1977).

82   Vgl. auch Chang (2003), 179 ff. Dort werden die Adaptationen von Boyms Abbildungen besprochen.

unbedingt als typisch chinesisch bezeichnen. Das gleiche gilt für *Durian, Piper nigrum* und *Cynometra*. So bleiben als im engeren Sinne chinesische Pflanzen:

Diospyros kaki, Eriobotrya japonica, Zingiber off., Nephelium litchi et lungan (schon bei Martini) [83] , *Cinnamomum cassia* (Martini), *Rheum palmatum* (Martini) und *Radix chinae* (Martini). Als Fazit ergibt sich das Paradox, dass in der *Flora sinensis* einheimische chinesische Gewächse in der Minderzahl sind, auch wenn die beschriebenen Taxa in Ost- und Südostasien tatsächlich vorkamen.

Die *Flora* ist durch die Verwertung in den meisten frühen China-Beschreibungen sehr einflussreich gewesen. Der Bibliograph Albrecht von Haller[84] urteilt trotzdem: „malae figurae et descriptiones". Bretschneider (1881) S. 21 stellt fest: „[The book] has no claim to research into Chinese botany, as the name of the treatise would seem to indicate."[85] Der Atlas von China, den Boym während seiner Wartezeit auf eine Audienz beim Papst zeichnete und der auch einige der Pflanzen zeigt, blieb unveröffentlicht, weil in der Zwischenzeit Martin MARTINI den seinen bei dem Drucker und Verleger Johan BLAEU in Amsterdam untergebracht hatte (Martini 1655). Man muss freilich zugeben, dass Martinis Atlas besser durchgearbeitet ist und auf genaueren Aufnahmen beruht als Boyms eher skizzenhafte Darstellung.

Zu den Multiplikatoren des Boymschen Werkes zählten neben A. KIRCHER auch Olfert DAPPER: *Beschryving des Keizerryks van Taising.* (Amsterdam 1670) sowie Erasmus FRANCISCI (1670): *Neu-polirter Geschicht- Kunst- und Sittenspiegel ausländischer Völcker, fürnemlich der Sineser, Japaner, Indostaner, Javaner* .....[86] Francisci, eigentlich von FINX (1627–1694) hatte Jura studiert. Während einer Krankheit in Nürnberg hatte er für den Verlag Endter Verschiedenes geschrieben, was guten Absatz hatte, und so entschloss er sich, dort zu bleiben und „ein Büchermacher von Profession" zu werden, wohl als erster in Deutschland. Seine Werke wurden bald vergessen, gewinnen aber heute wieder an Bedeutung wegen ihrer enzyklopädischen Darstellung und als ein bequemer Einstieg in die Literatur der Zeit. In seinem *Staatsgarten* reproduziert Francisci nach Boym: Ananas (S. 420), *Artocarpus, Anacardium, Eugenia Jambos* (432), *Litchi chinensis* (483), *Diospyros, Anona, Psidium* und *Eriobotrya* (583), *Cynometra* (645), *Rheum* (699 sowie 725).

Dappers *Beschreibung des Keyserthums* Sina *oder Taising. Fürgestelt in den Nahmen, Grentzen, Städten, Flüßen, Bergen, Gewächsen, Thieren, Gottesdienst, Sprache, freyen Künsten etc.* (so der deutsche Titel; Dapper 1676b), enthält am Schluss Informationen über die chinesische Flora, die aus Boyms Flora stammen. DAPPER (†1690) war Arzt und geographisch interessiert und so beschrieb er in seinem Werk *Gedenkwürdige Verrichtung der niederländischen Ost-Indischen Gesellschaft in dem Kaiserreich Taising* (Dapper 1676a), dem die *Beschreibung* angehängt ist, den Verlauf der 2. und 3. holländischen Gesandtschaft nach China. Dort sind die Abbildungen von *Litchi chinensis, Anacardium, Carica, Cinnamomum, Eugenia, Diospyros, Artocarpus, Psidium, Anona, Durio, Eriobotrya* nach Boym (mit Schriftzeichen) wiedergegeben (S. 128–130, auf gesonderten Tafeln). *Rheum* und *Ananassa* beruhen auf anderen Quellen. Die erste niederländische Gesandtschaft wurde von Johan NIEUHOF (auch: Neuhof) beschrieben und mit vorzüglichen

---

83   d.h. erwähnt in Martini (1655).

84   Haller (1771), 492.

85   Bretschneider (1881), 21-24.

86   *https://www.digitale-sammlungen.de/en/view/bsb11056204?page=1*
      ausserdem auch Francisci (1668).
      https://www.digitale-sammlungen.de/en/view/bsb11682973?page=1

Abbildungen illustriert, die auf eigenen Zeichnungen des Autors beruhen:[87] *Die Gesandtschaft der Ost-Indischen Geselschaft.* (Nieuhof 1669). Das Werk bietet auch Zeichnungen von Pflanzen; sie stammen aber von Jacobus Bontius (1592–1631)[88], während die Beschreibungen auf Martini beruhen.[89]

Eine Bemerkung über die Ginsengwurzel hat der Propst von Bernau und Chinesische Bibliothekar des Grossen Kurfürsten, Andreas MÜLLER (1630–1694), auf der Basis der Beschreibung von Martin MARTINI (1655, S. 35), die zitiert wird, und eines chinesischen Kräuterbuches der Bibliothek des Kurfürsten gemacht in seiner *Hebdomas observationum de rebus sinicis.* (Müller 1674), IV. Iconismus plantae laudatissimae, Ginseng dictae. (S. 34–35) Müller schliesst seinen Hinweis mit der Bemerkung, er werde eine nähere Beschreibung herausgeben, wenn die Zeit es erlaube. (Abb. 8)

Nachwirkungen im 18. Jahrhundert
François-Xavier d'Entrecolles S.J.[90] (15. Febr. 1664–2.7.1741 Peking), Generalsuperior der französischen Mission in Peking, hat in einem Brief vom 8.10.1736 an J.-B. DU HALDE S.J., eine genaue Beschreibung von *Diospyros kaki*[91] geliefert.

Das Standardwerk über China *Description de la Chine*, herausgegeben von P. Jean-Baptiste DU HALDE (1674–1743) von 1735[92] enthält nach Bretschneider[93] zwei Illustrationen nach Michael Boym: 3. Litchi und 8 Fuling.[94]

Von grosser Bedeutung sind die Sammlungen des schottischen Arztes und Naturforscher James CUNNINGHAM (?–1709), der im Dienste der British East India Company stand. Er war in den Faktoreien in Amoy und Chusan tätig, wurde dann nach Pulo Condor versetzt. Über Borneo und Batavia trat er die Rückreise nach Europa an, auf der er starb. Seine Belege wurden von britischen Botanikern, insbesondere von Leonard PLUKENET (1641–1706) bearbeitet, der auch Cunninghams eigene Beschreibungen wie auch einheimische Pflanzennamen zitierte. Darunter sind zwei von Boym beschriebene Pflanzen:
Arbor Sinensium Lauri folio Lei chi, (i.e.) Oculum Draconis, fructum ferens; et aliquando Lung yen indigenis audit. Michael Boym Flora sin. Vgl. Plukenet (1769), Amaltheum, S. 25, Phytographia Taf. 365, Fig. 6.
Hier ist Boym ausdrücklich als Quelle genannt, allerdings werden Lizhi und Longyan irrtümlich als identisch betrachtet.
Arbor sinica Pipa [Eriobotrya japonica] dicta, folio Castaneae haud absimili ... Hier wird Cunningham ausführlich zitiert, Boym aber nicht erwähnt.

---

87   Hier ist Bretschneiders Urteil (1881), S. 25, zu revidieren; wie ein Vergleich mit Nieuhofs Originalzeichnungen zeigt, sind sie erst vom Stecher, sicherlich in Übereinstimmung mit dem Herausgeber, Nieuhofs Bruder, mit Beiwerk verziert worden. Vgl. Blussé, Falkenburg (1987).

88   Bontius (1658).

89   Vgl. Nieuhof (o.J.) – NIEUHOF illustriert: *Radix Chinae*, Zingiber, Tee, Baumwolle, Zuckerrohr, Bambus, Zimt, Nelkenbaum, Muskatbaum, Pfeffer, Feige, Brotfrucht, Betel, Ananas, Kokospalme, Banane. Schon aus dieser Aufzählung lässt sich ein unterschiedlicher Schwerpunkt als bei Boym erkennen.

90   Pfister (1932–1934), Nr. 242.

91   *Lettres édifiantes*, éd. Panthéon, Band III, 713. Auch in *Der Neue Welt-Bott* 32 (1755), Nr. 627.

92   Du Halde (1735).

93   Bretschneider (1880), 36.

94   Im vorliegenden Exemplar nicht ermittelt.

Vgl. Plukenet (1769), Amaltheum S. 26, Phytographia, Taf. 371, Fig. 2.

Pehr OSBECK (1723–1805), Naturforscher, Weltreisender und Pfarrer, einer der Schüler („Apostel") von Carl von LINNÉ; 1750–1752 nahm er an einer Reise nach Canton und Java teil, von der er eine grössere Anzahl von Pflanzen sammelte. Diese wurden von Linné grossenteils publiziert, die Herkunft aber verschiedentlich mit „Indien" angegeben. Osbeck veröffentlichte eine Reisebeschreibung (Osbeck 1757) die auch ins Deutsche übersetzt wurde.

Lat-yee (Litchi). Vgl. Osbeck (1757), 251:
Lätjes oder auf Chinesisch Lä-tji, werden insonderheit beym Thee gegessen. Sie schmecken fast wie unsere Zwetschen, und sehen aus wie grosse Galläpfel, oder kleine runde Zwetschen mit einer bräunlichen, dünnen und warzigen Schale bedeckt.
Läng-an ist kleiner als Lätji. Sie hat eine glatte Schale, und in derselben so wie die Lä-tji, süsses Fleisch.

Mango (Mangifera indica). Osbeck (1757), 252
Guajaves (Psidium Guajava). Osbeck (1757), 252
Auch Pisang (Musa paradisiaca) wird genannt (S. 251).

João Loureiro S.J.
Ein Höhepunkt der botanischen Grundlagenarbeit in China ist das Werk des Jesuiten João LOUREIRO (Lissabon 8. Sept. 1717–18. Okt. 1791 Lissabon).[95] Nach drei Jahren in Goa (1735–1738) und vier weiteren Jahren in Macao ging er nach Cochinchina, wo er neben seiner missionarischen Arbeit als königlicher Mathematiker in Hué als Botaniker und Arzt wirkte. 1753 wurde er Superior der Mission. Die Jahre 1778–1781 war er in Kanton als Prokurator tätig und kehrte dann nach Portugal zurück, wo er zum Mitglied der Akademie der Wissenschaften gewählt wurde. Sein Hauptwerk ist die *Flora Cochinchinensis* (Loureiro 1790), die 697 Taxa aus Cochinchina, 254 aus China, sowie 292 aus China *und* Cochinchina enthält; eine Reihe von Taxa stammt auch aus Indien, Sumatra und Mosambik.

Die Beschreibungen wirken professionell und einheitlich. Neben der Klassifikation und den lateinischen Namen sind auch die einheimischen Namen, also Vietnamesisch und Chinesisch, aber auch ggf. in anderen Sprachen angegeben, Habitus und Morphologie sind eingehend behandelt; Informationen über Habitat und Vorkommen, medizinische Eigenschaften wie auch sonstige Bemerkungen runden die Eintragungen ab.

Auch hier sind zum Vergleich die von Boym dargestellten Taxa herangezogen; die meisten sind von Loureiro nachgewiesen. Hinweise auf Boyms Werk fehlen, wobei zu bedenken ist, dass das schon in Europa seltene Buch Loureiro kaum zur Hand gewesen sein dürfte.

Annona squamosa 427
Areca Catechu 695
Bromelia Ananas (Ananassa sativa) 237
Carica Papaya   772
Cocos nucifera 692
Crataegus bibas (Eriobotrya japonica) 391

---

95   Vgl. Pfister (1932–1934), Nr. 442.

Dimocarpus Lichi (Nephelium Litchi, Litchi chinensis) 287-288
Diospyros kaki 278
Eugenia malaccensis 374
Piper nigrum 37
Polyphema Jaca (Artocarpus integrifolia) 667
Rheum palmatum 313
Smilax China 763

Darf Loureiros Werk schon zur wissenschaftlichen Botanik gerechnet werden, so kann man diesen Anspruch an Zedlers *Universal-Lexikon* wegen der unterschiedlichen, allgemeineren Zielgruppe nicht stellen. Allerdings ist die Bemühung um möglichst vollständige und solide Darstellung unübersehbar.

Zedlers Universal-Lexicon

ZEDLERs 68bändiges *Universal-Lexicon* (Zedler 1732–1754), die umfassendste Enzyklopädie des 18. Jahrhunderts, enthält in der Fülle seines Materials natürlich auch viel Botanisches. Eine Stichwortprüfung ergibt neben ausführlich nach verschiedensten Quellen behandelten Pflanzen wie Rhabarber, Ingwer, Pfeffer, Eintragungen für Ananas (Bd. 2, S. 35), Papaya (Bd. 26, S. 326), Lichi (Bd. 17, S. 429) und Yata (Bd. 60, S. 426). Diese sind auch von Boym beschrieben worden, allerdings verwundert es kaum, dass für Ananas und Papaya als amerikanischen Ursprungs andere Quellen zugrunde gelegt wurden. Die einzige wirklich chinesische Frucht, die Lizhi, wird von Zedler nach William Dampier (1652–1715), dem Freibeuter, Weltumsegler und Naturforscher, als einer neueren Quelle, dargestellt.[96]
So bleibt die Beschreibung der *Anona squamosa*:

> Yata. Diese Frucht und der Baum Yata wird in Ost-Indien, vornehmlich in Malacca gefunden, welches Land vormahls den Sinesern Tribut gegeben, weswegen diese von einigen für eine Sinesische Frucht beschrieben wird, und zwar insonderheit um deswillen, dass der Baum auch nach Sina versetzet, und sich daselbst nunmehr recht fruchtbar erzeiget. Die Frucht hat eine grüne Tannenzäpffige Rinde, aber inwendig ein Schneeweisses, Safft reiches Marck, welches noch köstlicher schmecket als die süssen Torten, so von den Portugiesen Mangiar Reade [vielmehr: Reale] genennet werden; ingleichen viele Häuslein, darinnen schwartze und durchaus gantze Steinlein sind. Die Zeitigung dieses Gewächses geschicht mancher Orten im Wein- und Winter-Monate, anderswo im Hornung und Mertz. Je grösser die Frucht, je besser und theurer wird sie geschätzet.[97]

Hier zum Vergleich Boyms Text in Übersetzung:

> Frucht & Baum Ya-ta findet man in Indien & vornehmlich im Gebiet von Malakka, das den Chinesen einst tributpflichtig war. Daher kann man sie bestens eine chinesische Frucht nennen, & weil sie auch, auf chinesischen Boden verpflanzt, üppig gedeiht. Sie hat eine grüne, fichtenzapfenschuppige Schale, aber innen ein schneeweisses flüssiges Fleisch; an Geschmack übertrifft sie die Süssspeise, die die Portugiesen mangiar reale nennen. In vielen kleinen Fächern schliesst sie feste

---

96   Vgl. Dampier (1699). Preston (2004).
97   Zedler (1732–1754), Bd. 60.1749, S. 426.

schwarze Kerne ein. Hier reift sie im Oktober & November, dort im Februar & März. Je grösser die Frucht, für desto besser & wertvoller hält man sie.

Schon ein ganz flüchtiger Vergleich zeigt, dass hier Boyms Text ohne wesentliche Änderung übernommen worden ist. Offenbar fand der Redakteur die Frucht attraktiv genug, in das Lexikon aufgenommen zu werden, ermittelte aber keine andere Beschreibung, die zu dem chinesischen Namen passte.

Encyclopédie méthodique – Botanique
Ein späteres, umfassendes enzyklopädisches Werk ist die *Encyclopédie méthodique* (*Encyclopédie méthodique, ou par ordre de matieres: Par une société de gens de lettres, de savants et d'artistes; Précédée d'un vocabulaire universel, servant de table pour tout l'ouvrage, ornée des portraits de MM. Diderot et D'Alembert, premiers éditeurs de l'Encyclopédie*), eine fachlich gegliederte Neubearbeitung der *Encyclopédie* von Diderot und Alembert, von der 206 Bände im Verlag von Charles Joseph Panckoucke (1736–1798) und Thérèse-Charlotte Agasse in den Jahren 1782–1832 erschienen.

Die Abteilung Botanik (acht Bände, 1783–1808) wurde von dem bedeutenden Naturforscher, insbesondere Botaniker, Jean-Baptiste de LAMARCK (Bazentin-le-Petit 1. Aug. 1744–18. Dez. 1829 Paris) mit betreut; die ersten drei Bände schrieb er selbst. So hat dieses Werk wissenschaftliches Niveau und geht über eine blosse Kompilation hinaus. Die wird schon auf einen Blick sowohl in den detaillierten Beschreibungen wie auch in den sorgfältigen Illustrationen deutlich.

Eine auch von Boym beschriebene Frucht ist die Cashewnuss (*Anacardium occidentale* L.), die von LAMARCK allerdings nicht unter *Anacarde*, sondern unter *Acajou* verzeichnet wird, einer Bezeichnung, der phonetisch auch die chinesische Bezeichnung Jiaru nahesteht. Boyms Beschreibung ist recht kurz:

> Der Kiagiu oder Kagiu[98] findet sich nicht in China, sondern kommt reichlich vor in Reichen, die den Chinesen einst gehörten: Ich möchte wohl glauben, nach Yunnan, Guangxi und den chinesischen Inseln eingeführt, könnte er gedeihen. Der Baum ist gross & hat sehr schöne und immergrüne Blätter. Die Frucht gleicht dem Apfel, gelb oder rötlich, sobald sie reift, wohlriechend. Der Saft des Apfels ist aber herb & das Fleisch, wenn genossen, beisst im Hals. In Indien bringt er zweimal Frucht im selben Jahr. Aus der Blüte bringt er zuerst den Samen hervor, und nach dem Samen den Apfel, der ein Magenmittel & magenstärkend ist, wenn mit Wein oder Salz genossen. Im Innern hat diese Frucht keinen Samen, sondern an ihrer Spitze steht er wie eine Nuss hervor. Eine blaugraue Rinde bedeckt ihn und umschliesst weisses festes Fleisch, wie eine Kastanie oder einen Mandelkern, an deren Geschmack es erinnert, wenn er gekocht wird. Die Inder & Portugiesen gebrauchen die genannten Nüsse zuweilen an Stelle von Mandeln zur Herstellung von Süssigkeiten. Im Februar & März, im August & September reift (die Frucht).

Demgegenüber nun Lamarck mit einer deutschen Übersetzung:

---

98 Portugiesisch: *caju.*

Acajou[99] à pommes, Cassuvium pomiferum. Cassuvium. Rumph.[100] I. t. 69. Kapa-mava. Rhed. Mal.[101] 3. t. 54. Anacardium occidentale L.

Arbre d'environ quinze pieds, donc le tronc est peu droit, noueux, mal fait, & la tête vaste & fort étalée comme celle d'un pommier ordinaire. Ses feuilles sont ovales, obtuses, entières, fermes, de la consistance de celle du laurier, glabres en dessus, munies en dessous d'une nervure moyenne, saillante, & de nervures latérales assez régulières, portées sur des courts pétioles, disposées alternativement sans ordre, & placées comme par bouquets à l'extrémité des branches. Ces feuilles ont au moins quatre pouces de long, sur presque trois pouces de largeur. Ses fleurs sont blanchâtres & disposées en panicules terminales; leur calice est partagé jusqu'à la base en cinq découpures pointues & pubescentes extérieurement; la corolle est de cinq pétales lancéolés-linéaires, & deux fois plus longs que le calice; les étamines sont au nombres de dix, & remarquables en ce qu'une d'entr'elles est un peu plus grandes que les autres, & porte une anthère qui tombe des épanouissement de la fleur. Le pistil est un ovaire arrondi, situé au fond de la corolle, & chargé d'un style en alêne qui termine un stigmate tronqué. A la base des fleurs, il y a beaucoup de bractées lancéolées, qui font paroître la panicule terminée par des bouquets un peu denses. Le fruit est un noix réniforme, lisse & grisâtre extérieurement, qui renferme une amande de même forme, dont la substance est blanche, & qui est attachée par son plus gros bout au sommet d'un réceptacle charnus, ovale & de la grosseur d'une poire moyenne. Ce réceptacle, qu'on nomme pomme d'Acajou, a une peau lisse qui devient seulement blanche ou jaunâtre dans une variété, ou acquiert une couleur rouge dans une autre, & renferme une substance spongieuse, succulente, d'un goût acide, un peu âcre, & néanmoins assez agréable. L'écorce de la noix contient une huile très caustique & très-inflammable; de sorte que l'on se procure des jets de flamme très-singuliers & amusants à voir, lorsqu'on approche cette noix de la flamme d'une bougie. On trouve cet arbre dans les pays méridionaux de l'Amérique & de l'Asie. Son bois est blanc & est employé dans les ouvrages de menuiserie & de charpente: on fait avec ses fruits d'excellentes compotes, & avec leur suc exprimé & fermenté, un vin agréable à boire, dont on retire une eau-de-vie, & avec lequel on prépare un bon vinaigre. On donne aux meubles un lustre qui plait à la vue, avec l'espèce de gomme qui découle de cet arbre, lorsqu'on fait des incisions à son écorce.

Obs. Il ne nous paroît point du tout convenable de donner à cet arbre le nom d'Anacardium, & de refuser ce nom au véritable Anacarde du commerce, pour lui donner celui de Semecarpus, comme l'a fait M. Linné, Suppl, p. 182.

Acaju, Cassuvium pomiferum. Cassuvium. Rumph. I. t. 69. Kapa-mava. Rhed. Mal. 3. t. 54. Anacardium occidentale L.

Ein Baum von etwa 15 Fuss, dessen Stamm nicht sehr gerade, knorrig und schlecht gebaut ist, und dessen Krone breit und stark ausgebreitet ist, wie der eines gewöhn-lichen Apfelbaums. Seine Blätter sind oval, stumpf, ungeteilt, fest, von lorbeerähn-licher Konsistenz, oben kahl, unten mit einer mittleren, vorstehenden Rippe und

---

99   Acaju ist ein Wort der Tupísprache, das Nierenfruchtbaum bedeutet. Acajou bezeichnet im Französischen auch Mahagoni.
100   Rumph (1741–1755).
101   Reede tot Drakenstein (1673–1703).

ziemlich regelmässigen Seitennerven versehen, die auf kurzen Stielen sitzen, abwechselnd willkürlich angeordnet sind und wie Büschel an den Enden der Zweige sitzen. Die Blätter sind mindestens vier Zoll lang und fast drei Zoll breit. Die Blüten sind weisslich und in endständigen Rispen angeordnet; ihr Kelch ist bis zur Basis in fünf spitze, aussen behaarte Einschnitte geteilt; die Krone besteht aus fünf lanzettlich-linearen Blütenblättern, die doppelt so lang wie der Kelch sind; die Staubblätter sind zehn und dadurch gekennzeichnet, dass eines von ihnen etwas grösser als die anderen ist und einen Staubbeutel trägt, der beim Aufblühen der Blüte herausfällt. Der Stempel ist ein abgerundeter Fruchtknoten, der sich am Boden der Krone befindet und mit einem ahornförmigen Griffel beladen ist, der eine abgestumpfte Narbe beendet. An der Basis der Blüten befinden sich viele lanzettliche Hüllblätter, aus denen die Rispe hervorgeht, die in etwas dichten Büscheln endet. Die Frucht ist eine nierenförmige, glatte, aussen gräuliche Nuss, die einen gleichförmigen Mandelkern mit weisser Substanz umschliesst, der mit seinem dicksten Ende an der Spitze eines fleischigen, ovalen, mittelgrossen, birnenförmigen Fruchtstiels befestigt ist. Dieser Fruchtstiel, der als Kaschuapfel bezeichnet wird, hat eine glatte Haut, die bei einer Sorte nur weiss oder gelblich wird, bei einer anderen eine rote Farbe annimmt, und enthält eine schwammige, saftige Substanz mit einem sauren, etwas herben, aber dennoch recht angenehmen Geschmack. Die Schale der Nuss enthält ein sehr ätzendes und leicht entzündliches Öl, so dass man einen sehr sonderbaren und lustig anzusehenden Flammenstrahl erhält, wenn man die Nuss in die Nähe einer Kerzenflamme bringt. Dieser Baum ist in den südlichen Ländern Amerikas und Asiens zu finden. Sein Holz ist weiss und wird für Tischler- und Zimmermannsarbeiten verwendet. Aus seinen Früchten wird ein ausgezeichnetes Kompott hergestellt, und aus dem ausgepressten und gegorenen Saft ein angenehmer Wein, aus dem man einen Branntwein gewinnt und mit dem man einen guten Essig herstellt. Die Art von Gummi, die von diesem Baum stammt, wenn man seine Rinde einschneidet, verleiht den Möbeln einen Glanz, der das Auge erfreut.

Anmerkung. Es erscheint uns keineswegs angemessen, diesem Baum den Namen Anacardium zu geben und diesen Namen der echten, handelsüblichen Cashew zu verweigern und sie stattdessen Semecarpus[102] zu nennen, wie es Herr Linné getan hat (Suppl., S. 182).

Christoph Gottlieb von Murr

Einen interessanten Vorschlag zur Anwendung des Chinesischen hat der Nürnberger Zollamtmann und Polyhistor Christoph Gottlieb von MURR (1733-1811) (Abb. 11) in einem Aufsatz „Etwas von meinem Versuche, die sinesischen Charaktere zur Universalsprache zu gebrauchen"[103] gemacht. Er bezog sich dabei auf Ideen von Gottfried Wilhelm LEIBNIZ und versuchte eine Korrelation zwischen der Linnéschen Nomenklatur und der chinesischen Schrift herzustellen – Der Name eines Tiers (oder einer Pflanze) sei international genauso zu handhaben und zu verstehen wie das betreffende Schriftzeichen, das keinen deutlichen Hinweis auf die Lautung enthält und insofern in der einen Sprache so und in der anderen Sprache so gelesen werden kann. Nach Beschreibung eines Exemplars des *Bencao gangmu* 本草綱目, (Abb. 12) des berühmten Heilpflanzen und Heilmittel-Handbuchs des Li Shizhen in der Sammlung

---

102   *Semecarpus anacardium* L.f. – Ostindischer Tintenbaum, Ostindischer Elefantenlausbaum.
103   Murr (1777).

Christoph Jacob TREW (aus dem Besitz des Naturforschers und Reisenden Johann Georg GMELIN (1709–1755), 1742 in Peking erworben [von Aleksej LEONT'EV?]) äusserte er: „Als ich 1775 dieses sinesische Naturwerk durchging, kam ich auf den Gedanken, ob man die sinesischen Charaktere, welche das Tierreich bezeichnen, nicht auf das Natursystem des Ritters von Linné anwenden und dadurch aus Sina Naturprodukte erhalten könne." LINNÉ antwortete auf die Übersendung der *Quadrupedum Sinicorum dispositio, methodo Linnæanæ accommodata* (S. 163 ff.)(Abb. 13–14), er habe sein Exemplar, das er schon über 20 Jahre besitze, mit [Jonas?] ALSTRÖM nach China geschickt, um es dort ins Lateinische übersetzen zu lassen (Brief vom 22.3.1776). Es liegt auf der Hand, dass Murrs Vorschlag genau so auf die botanische wie die zoologische Nomenklatur anwendbar wäre. Murrs ursprüngliche Idee, die chinesischen Zeichen auf die philosophische Sprache anzuwenden, wie er sie im Anhang zu seiner Übersetzung des *Haoqiuzhuan* 好逑傳[104] (S. 623–624) entwickelte, erscheint aus heutiger Sicht weniger praktikabel.

Schluss

Als Ergebnis dieser Untersuchung lässt sich zusammenfassen:
– Die *Flora sinensis* wurde in erster Linie als ein Mittel zur Förderung der Chinamission der Jesuiten publiziert. Die thematische Verbindung wird symbolisch hergestellt: China ist der Garten, in dem die Wurzel Jesse eine kleine Blüte *(flosculus)* treibt. Die Veröffentlichung wurde von den Jesuiten finanziert und dem Erzherzog Leopold Ignatius (1640–1705), der 1656 zum König von Ungarn gekrönt wurde (späterem Kaiser Leopold I.), gewidmet.
– Sie wird gelegentlich eine der frühesten Lokalfloren genannt, wobei der Einzugsbereich hier jedoch ungewöhnlich weit ist. Boyms Werk spiegelt eine frühe Globalisierung und geht inhaltlich über die Botanik hinaus.
– Dank der aufwendigen Illustration und der Beigabe chinesischer Schriftzeichen lieferte die Flora zuverlässigere Informationen als andere frühe Darstellungen über exotische Pflanzen und bestimmte die Berichterstattung im 17. Jh.
– Sie beeinflusste hauptsächlich die *China- und Exoticaliteratur* im 17. Jh., <u>nicht</u> wesentlich dagegen die botanischen und enzyklopädischen Werke des 18. Jh., wie Zedlers *Universallexikon* und die *Encyclopédie méthodique*. ZEDLER standen bereits neuere botanische Werke zur Verfügung, während dies noch viel mehr für die von LAMARCK herausgegebene Botanik-Enzyklopädie gilt, die in Beschreibungen wie Abbildungen bereits die moderne botanische Wissenschaft spiegelt.
– Durch den Einschluss amerikanischer Früchte ist sie eine Quelle zur Wanderung der Kulturpflanzen. Hier liegt ihr Wert im Nachweis der schnellen Verbreitung dieser bereits aus Amerika bekannten Früchte nach Ostasien.
– Sie lieferte authentische Information für Ärzte und Naturwissenschaftler.
– Eine unmittelbare chinesische Vorlage für die Flora ist nicht bekannt, indes auch unwahrscheinlich.
– Die *Flora*[105] und weitere Quellen – so das *Bencao gangmu* (eine umfassende chinesische Pharmacopöe) – regten MURR zum Vorschlag an, chinesische schriftliche Bezeichnungen für die Linnésche Nomenklatur zu benutzen.

104	Murr (1766).
105	Murr kannte die *Flora,* wie seine Beschreibung des Werkes belegt: vgl. Murr (1778), 619–621.

Bibliographie

Blussé, Leonard; R. Falkenburg (1987): *Johan Nieuhofs Beelden van een Chinareis 1655–1657*. Middelburg: Stichting VOC Publ. 1987. 100 S.

Bocci, Clara; R. Ptak (2011): The animal section in Boym's Flora sinensis: portentous creatures, healing stones, venoms, and other curiosities. *Monumenta Serica* 59.2011, 353–381

Bontius, Jacobus [Jakob de Bondt] (1658): *Historiae naturalis et medicae Indiae orientalis libri VI*. Amsterdam: Elzevir 1658. 226 S.

Boym, Michael (1656): *Flora sinensis, fructus floresque humillime porrigens*. Viennae: M. Rictius 1656. [36 Bl.]

Boym, Michael (2002): *Flora sinensis* / Michael Boym; Einl. von Hartmut Walravens; übers. von Hartmut Walravens. Erlangen: Harald Fischer, 2002. 1 CD

Bretschneider, Emil (1880): Early European researches into the flora of China. *Journal of the North China Branch of the Royal Asiatic Society* 15.1880, 1–194

Burlingame, Leslie J. (1973): Lamarck, Jean-Baptiste. In: Charles C. Gillispie (Hrsg.): *Dictionary of Scientific Biography*. Band 7. New York NY 1973, S. 584–594.

CHANG Sheng-Ching 張省卿 (2003): *Natur und Landschaft. Der Einfluß von Athanasius Kirchers China illustrata auf die europäische Kunst*. Berlin: Reimer 2003. 232 S.

CHANG Sheng-Ching (2010): 論十七世紀卜彌格鳳梨圖像及鳳梨圖像在歐洲之流傳. The pineapple images by Michael Boym and the circulation of pineapple images in Europe in the 17th century. *The National Palace Museum Research Quarterly* 28.2010:1, S. 79–140

Csillag, Eszter (2020): Natural history illustrations in Michael Boym's Chinese atlas (Borg. cin. 531) and Flora Sinensis. *Miscellanea Bibliothecae Apostolicae Vaticanae XXVI*. Biblioteca Apostolica Vaticana 2020 (Studi e testi; 541), 115–141

Dampier, William (1699): *A new voyage round the world*. Describing particularly, the isthmus of America, several coasts and islands in the West Indies, the Isles of Cape Verd, the passage by Terra del Fuego, the South Sea coasts of Chili, Peru, and Mexico; the Isle of Guam one of the Ladrones, Mindanao, and other

Philippine and East India islands, near Cambodia, China, Formosa, Luconia, Celebes, &c. New Holland, Sumatra, Nicobar Isles; the Cape of Good Hope, and Santa Hellena. Their soil, rivers, harbours, plants, fruits, animals, and inhabitants. Their customs, religion, government, trade, &c. London: James Knapton 1699. 550 S.

Dapper, Olfert (1676a): *Gedenkwürdige Verrichtung der niederländischen Ost-Indischen Gesellschaft in dem Kaiserreich Taising*. Amsterdam: Jacob van Meurs 1676. 336, 76 S.

Dapper, Olfert (1676b): *Beschreibung des Keyserthums* Sina *oder Taising. Fürgestelt in den Nahmen, Grentzen, Städten, Flüßen, Bergen, Gewächsen, Thieren, Gottesdienst, Sprache, freyen Künsten etc.* Amsterdam: Jacob van Meurs 1676. 164 S.

Ferrari, Giovanni Battista (1638): *Flora ovvero cultura di fiori*. Romae: Facciotti 1638. 520 S.

Francisci, Erasmus (1668): *Ost- und West-Indischer wie auch Sinesischer Lust- und Stats-Garten*. 1668. 912 S.

Francisci, Erasmus (1670): *Neu-polirter Geschicht- Kunst- und Sittenspiegel ausländischer Völcker, fürnemlich der Sineser, Japaner, Indostaner, Javaner ....* Nürnberg: Endters seel. Erben 1670. 1550 S.

Fuchs, Walter (1952): A note on Father M. Boym's Atlas of China. *Imago Mundi* 9.1952, 71–72

Girard de Rialle, J. (1890): Une mission chinoise à Venise au XVIIe siècle. *T'oung Pao* 1.1890, 99–117

Golvers, Noel (2011): Michael Boym and Martino Martini: a contrastive portrait of two China missionaries and mapmakers. *Monumenta Serica* 59.2011, 259-271

Haller, Albrecht von (1771): *Bibliotheca botanica*. 1. Tiguri: Orell, Gessner, Füssli et Soc. 1771–1772. 2 Bde.

Jäger, Fritz (1933): Die letzten Tage des Kü Schï-sï. *Sinica* 8.1933, 197–207.

Kajdański, Edward (2009): *Michała Boyma opisanie świata. Wybór, tłumaczenie i* opracowanie. Warszawa: Oficyna Wydawnicza Volumen 2009. 325 S., zahlreiche Abbildungen sowie farbige Tafeln.

Kircher S.J., Athanasius (1667): *China monumentis illustrata*. Amstelodami: Jacob a Meurs 1667. 273 S.

Kleiser, A. (1926): Die Gesandtschaftsreise des P. M. Boym S.J. im Auftrage einer christlichen Kaiserin in China, 1650–1659. *Die Katholischen Missionen* 54.1926, 270–272

Krafft, Fritz (1977): Kircher, Athanasius. *Neue Deutsche Biographie* 11.1977, S. 641–645.

Krzyszkowski, J. (1934): Pierwszy polski atlas Chin. *Misie Katolickie* 53.1934, 225- 234

Lamarck, Jean-Baptiste de (1783–1808): *Encyclopédie Méthodique, Ou Par Ordre De Matieres : Botanique.* Paris: Panckoucke, Agasse. 8 Bde.

LI Shizhen 李时珍 (1735): *Bencao gangmu* 本草綱目
Ausg. 三樂齋重訂本草綱目 1735.

Loureiro, João (1790): *Flora Cochinchinensis.* Sistens plantas In regno Cochinchina nascentes. Quibus accedunt aliae observatae in Sinensi Imperio, Africa Orientali, Indiaeque locis variis. Omnes dispositae secundum systema sexuale Linnaeanum. Ulyssipone: Typis et Expensis Academicis 1790. 2 Bde. Neuausgabe von Karl Ludwig Willdenow. Berolini: Haude et Spener 1793. 2 Bde.

Malatesta, Edward (1995): The tragedy of Michael Boym. *Image de la Chinese: le contexte occidental de la sinologie naissante.* Taipei, Paris: Ricci Institute 1995 (Variétés sinologiques NS 78), 353–370.

Malek, Roman; Anton Zingerle (2000): *Martino Martini S. J. (1614–1661) und die Chinamission im 17. Jahrhundert.* Nettetal: Steyler Verlag 2000. 260 S.

Martini, Martin (1655): *Novus Atlas sinensis.* Amsterdam: Blaeu 1655. 171 S., 40 Bl.

Mendoza, Juan Gonzalez de (1585): *Historia de cosas mas notables, ritos y costumbres, del gran reyno de la China.* Roma: Bartholome Grassi 1585. 440 S.

Müller, Andreas (1674): *Hebdomas observationum de rebus sinicis.* Coloniae Brandenburgicae: Georg Schultz 1674. 47 S.

Murr, Christoph Gottlieb (1766): *Haoh Kjöh Tschwen, d.i. angenehme Geschichte des Haoh Kjöh.* Leipzig: Junius 1766. XXX,660 S.

Murr, Christoph Gottlieb von (1777): Etwas von meinem Versuche, die sinesischen Charaktere zur Universalsprache zu gebrauchen. *Journal zur Kunstgeschichte und zur allgemeinen Litteratur* 4.1777, 151–211

Murr, Christoph Gottlieb von (1778): *Beschreibung der vornehmsten Merkwürdigkeiten in des h. R. Reichs freyen Stadt Nürnberg und auf der hohen Schule zu Altdorf.* Nürnberg: Zeh 1778. 762 S.

Nieuhof, Johan (1669): *Die Gesandtschaft der Ost-Indischen Geselschaft.* Amsterdam: Jacob Mörs 1669. 420 S.

Nieuhof, Johan (o.J.): *Bilder aus China 1655–1657.* Nördlingen: Greno o. J. 123 S. (Delphi 1022.)

Osbeck, Pehr (1757): *Dagbok öfwer en ostindisk resa åren 1750. 1751. 1752. Med anmärkningar uti naturkunnigheten, främmande folkslags språk, seder, hushållning.* Stockholm: Grefing 1757. 376 S.

Osbeck, Pehr (1765): *Reise nach Ostindien und China.* Ins Deutsche übersetzt von J. G. Georgi. Rostock: Koppe 1765. XXIV, 552 S.

Pfister, Aloys (1932–1934): *Notices biographiques et bibliographiques sur les jésuites de l'ancienne mission de Chine.* Changhai 1932/34. 2 Bde.

Plukenet, Leonard (1769): *Amaltheum botanicum* (i.e.) Stirpium Indicarum alterum copiae cornu millenas ad minimum & bis centum diversas species novas & indictas nominatim comprehendens. Londini: T. Davies (etc.) 1769.

Preston, Diana (2004): *A pirate of exquisite mind: explorer, naturalist and buccaneer. The life of William Dampier.* New York: Walker 2004. IX, 372 S.

Reede tot Drakenstein, Hendrik van (1673–1703): *Hortus Indicus Malabaricus.* Amstelodami 1673–1703. 12 Bde.

Rumph, Georg Everhard (1741–1755): *Het Amboinsche Kruid-Boek. Herbarium Amboinense, plurimas conplectens arbores, frutices, herbas, plantas terrestres & aquaticas, quae in Amboina et adjacentibus reperiuntur insulis.* Te Amsterdam: François Changuion etc. 1741–1755. 7 Teile

Semedo S.J., Alvaro (1643): *Relatione della grande monarchia della Cina.* Roma: Scheus 1643. 309 S.; zuerst spanisch: Imperio de la China. Madrid 1642. 309 S.

Szczesńiak, Boleslaw (1949/55): The writings of Michael Boym. *Monumenta Serica* 14.1949/55, 481–538

Szczesñiak, Boleslaw (1953): The atlas and geographic description of China: A manuscript of Michael Boym. *JAOS* 73.1953, 65–77

Szczesñiak, Boleslaw (1965): The Mappa Imperii Sinarum of Michael Boym. *Imago Mundi* 19.1965, 217-227

Ulrichs, Friederike (2003): *Johan Nieuhofs Blick auf China (1655–1657); die Kupferstiche in seinem Chinabuch und ihre Wirkung auf den Verleger Jacob van Meurs.* Wiesbaden: Harrassowitz 2003. VIII, 195, [43] S. (Sinologica Coloniensia; 21)

Wallisch, Robert (2005): *Michael Boyms Bericht aus Mosambik – 1644.* (Lateinischer Text, Übersetzung und Kommentar) mit ethnographischen Paralleltexten des 16. und 17. Jahrhunderts aus der Wiener Sammlung Woldan. Wien: Österr. Akademie der Wiss. 2005. 132 S.

Walravens, Hartmut (1987): *China illustrata.* Das europäische Chinaverständnis im Spiegel des 16. bis 18. Jahrhunderts. Weinheim: Acta Humaniora, 1987. 302 S.

Walravens, Hartmut (1991): Father Verbiest's Chinese world map (1764). *Imago Mundi* 43.1991, 31-47

Walravens, Hartmut (2011): Flora sinensis revisited. *Monumenta Serica* 59.2011, 341–352.

Walravens, Hartmut (2014): Der Jesuit Michael Boym (1512–1559) und seine Flora sinensis. *Erkunden, Sammeln, Notieren und Vermitteln – Wissenschaft im Gepäck von Handelsleuten und Missionaren.* Hrsg. v. Ingrid Kästner u.a. Aachen: Shaker 2014, 289–306 (Europäische Wissenschaftsbeziehungen 7.)

Zedler, Johann Heinrich (1732–1754): *Grosses vollständiges Universal-Lexicon aller Wissenschafften und Künste,* Welche bißhero durch menschlichen Verstand und Witz erfunden und verbessert worden. Darinnen so wohl die Geographisch-Politische Beschreibung des Erd-Creyses ... Als auch eine ausführliche Historisch-Genealogische Nachricht von den Durchlauchten und berühmtesten Geschlechtern in der Welt .... 64 Bde., 4 Suppl.-Bde. Halle, Leipzig: Zedler 1732–1754.

Abb. 2 *Anacardium occidentale* L. 檟如 (Jiaru)
(Flora sinensis)

Abb. 3 *Diospyros kaki* L. 柿餅 (Shibing)
(Flora sinensis)

Abb. 4 *Ananassa sativa* Lindl. 反波羅密 (Fan boluomi)
(Kircher)

186 **ATHANASII KIRCHERI**

vel unicus fructus decem aut viginti hominibus ad comedendum sufficiat; undè non incongruè saccum melleis fructibus confertum *Sinæ* nominant, Melopepones nostros dicitur sapore an- tecellere; in quo natura suam ostendisse sagacitatem videtur, quod cum rami tantæ moli ferendo non essent, illos ex solidiori trunci substantia eduxerit.

Similis huic arbor est, quam *Papaya Indi, Sinæ Fan-yay-xu* vocant, arbor sine ramis, unà cum floribus tuberosus fructus ex trunci cortice supernè infernéque erumpat, Melopepone nostrate major, pulpa interior subrubri coloris est, ad liquorem declinans, ita ut cochleari excipi possit, dulcissimi saporis, atque toto anno haud secus ac apud nos in pomis aureis citrinisque, & flores & fructus immaturi maturique reperiantur. Vide Fig. E.

Abb. 5 *Artocarpus integra* L. 波羅密 (Boluomi)
(Kircher)

Abb. 6 *Psidium guajava* L. 臭菓 (Chouguo)
(Olfert Dapper)

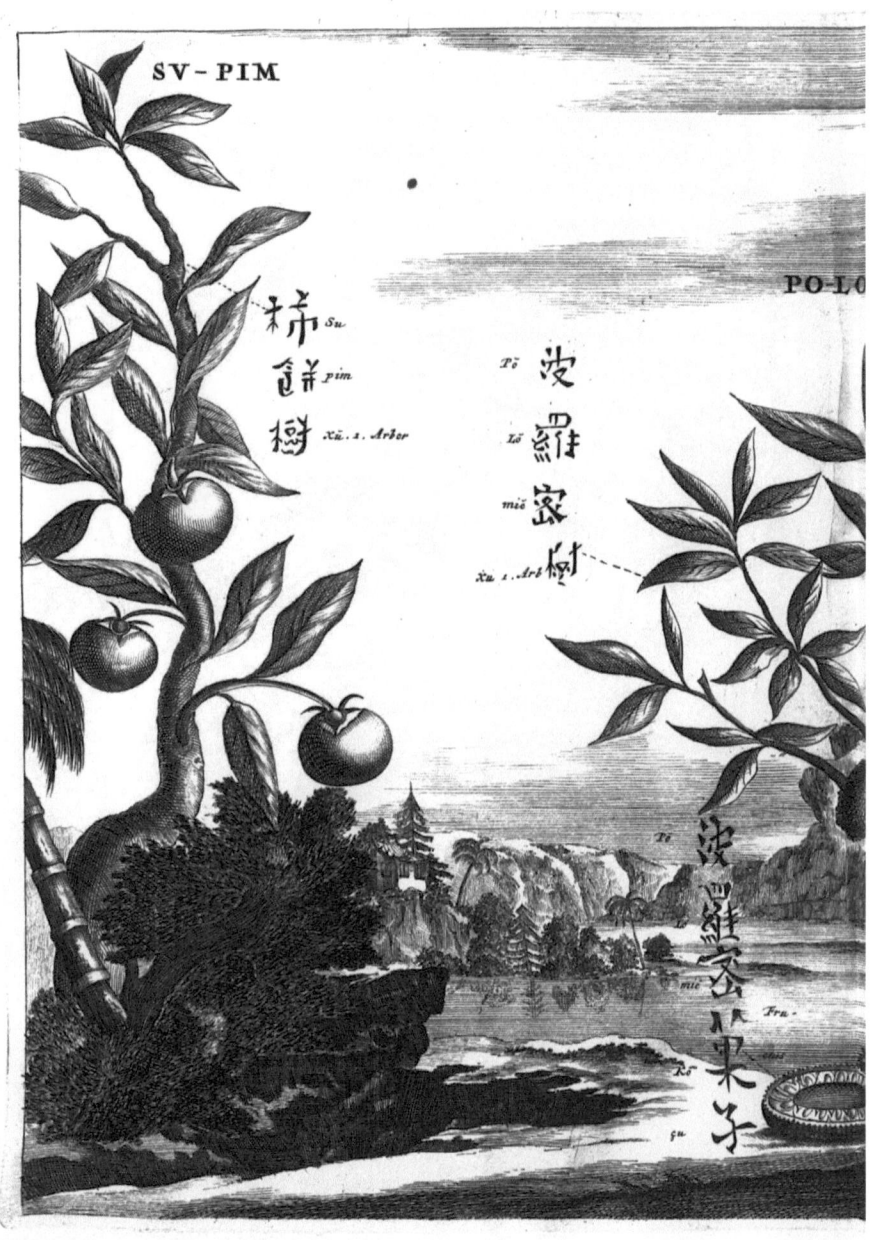

Abb. 7 *Diospyros kaki* L. 柿餅 (Shibing)
(Olfert Dapper)

Abb. 8 *Panax ginseng* [nicht in *Flora sinensis*]
Iconismus plantae laudatissimae, Ginseng dictae. In: *Hebdomas observationum de rebus sinicis* Coloniae Brandenburgicae: Georg Schultz 1674.
(Andreas Müller)

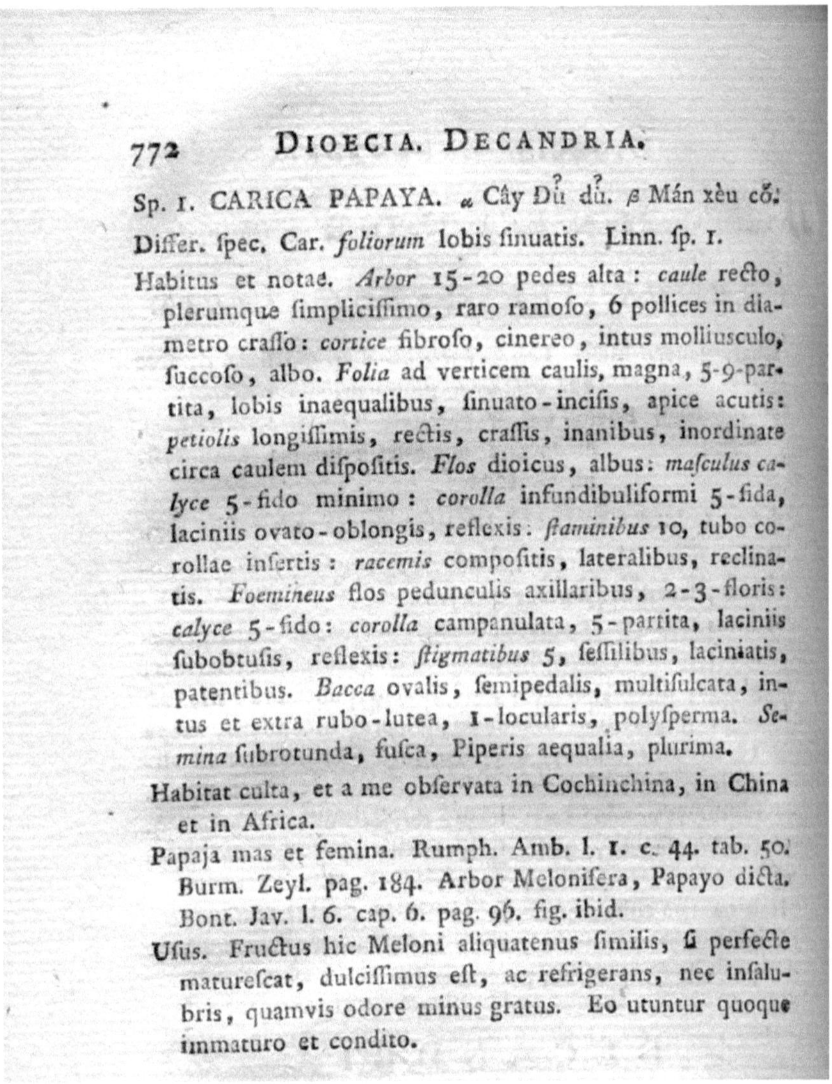

772   DIOECIA. DECANDRIA.

Sp. 1. CARICA PAPAYA. α Cây Đủ đủ. β Mán xèu cỏ.

Differ. spec. Car. *foliorum* lobis finuatis. Linn. fp. 1.

Habitus et notae. *Arbor* 15-20 pedes alta : *caule recto*, plerumque fimpliciffimo, raro ramofo, 6 pollices in diametro craffo : *cortice* fibrofo, cinereo, intus molliusculo, fuccofo, albo. *Folia* ad verticem caulis, magna, 5-9-partita, lobis inaequalibus, finuato-incifis, apice acutis: *petiolis* longiffimis, rectis, craffis, inanibus, inordinate circa caulem difpofitis. *Flos* dioicus, albus: *mafculus calyce* 5-fido minimo : *corolla* infundibuliformi 5-fida, laciniis ovato-oblongis, reflexis: *ftaminibus* 10, tubo corollae infertis : *racemis* compofitis, lateralibus, reclinatis. *Foemineus* flos pedunculis axillaribus, 2-3-floris: *calyce* 5-fido: *corolla* campanulata, 5-partita, laciniis fubobtufis, reflexis: *ftigmatibus* 5, feffilibus, laciniatis, patentibus. *Bacca* ovalis, femipedalis, multifulcata, intus et extra rubo-lutea, 1-locularis, polyfperma. *Semina* fubrotunda, fufca, Piperis aequalia, plurima.

Habitat culta, et a me obfervata in Cochinchina, in China et in Africa.

Papaja mas et femina. Rumph. Amb. l. 1. c. 44. tab. 50. Burm. Zeyl. pag. 184. Arbor Melonifera, Papayo dicta. Bont. Jav. l. 6. cap. 6. pag. 96. fig. ibid.

Ufus. Fructus hic Meloni aliquatenus fimilis, fi perfecte maturefcat, dulciffimus eft, ac refrigerans, nec infalubris, quamvis odore minus gratus. Eo utuntur quoque immaturo et condito.

Abb. 9: Wissenschaftliche Beschreibung der Papaya
Aus: J. Loureiro: *Flora Cochinchinensis*. 1793, S. 772

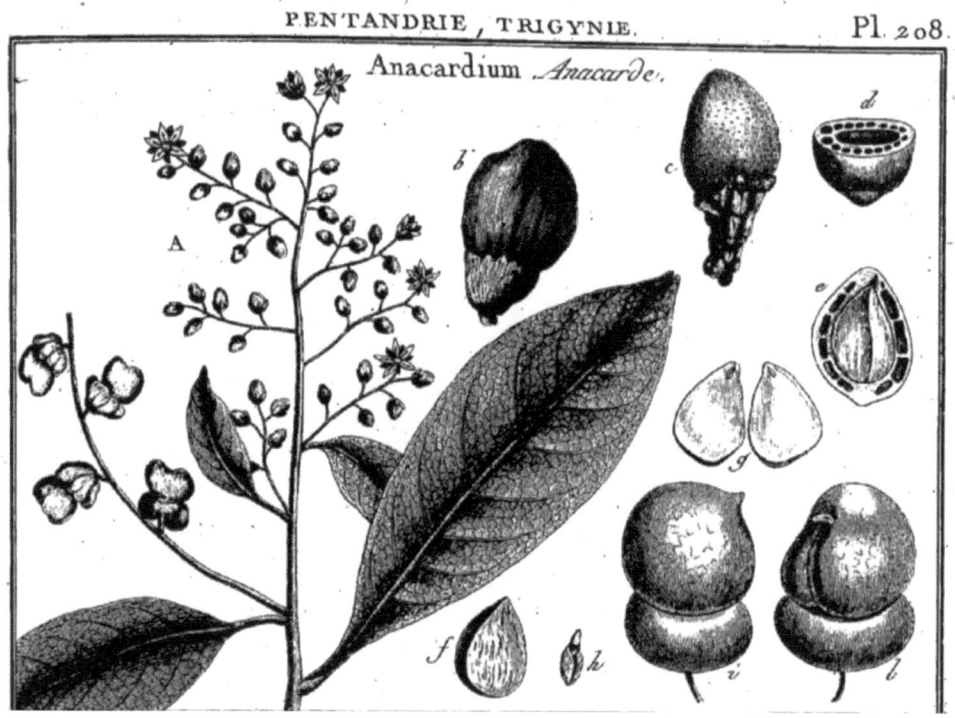

Abb. 10 *Semecarpus Anacardium* Lf [nicht Anacardium occidentale!]
Aus: Lamarck (Hrsg.): *Encyclopédie méthodique - Botanique,* Taf. 208

Abb. 11 Christoph Gottlieb von MURR (1733–1811)

Abb. 12 *Sanlezhai chongding Bencao gangmu.* Aus: Christoph Gottlieb von Murr: *Der Reichsstadt Nürnberg Waag- und Zollamtmanns ... Beschreibung der vornehmsten Merkwürdigkeiten in des H. R. Reichs freyen Stadt Nürnberg und auf der hohen Schule zu Altdorf: Nebst einem chronologischen Verzeichnisse der von Deutschen, insonderheit Nürnbergern, erfundenen Künste, vom XIII Jahrhunderte bis auf jetzige Zeiten; Mit Kupfern.* Nürnberg: Zeh, 1778, 609.

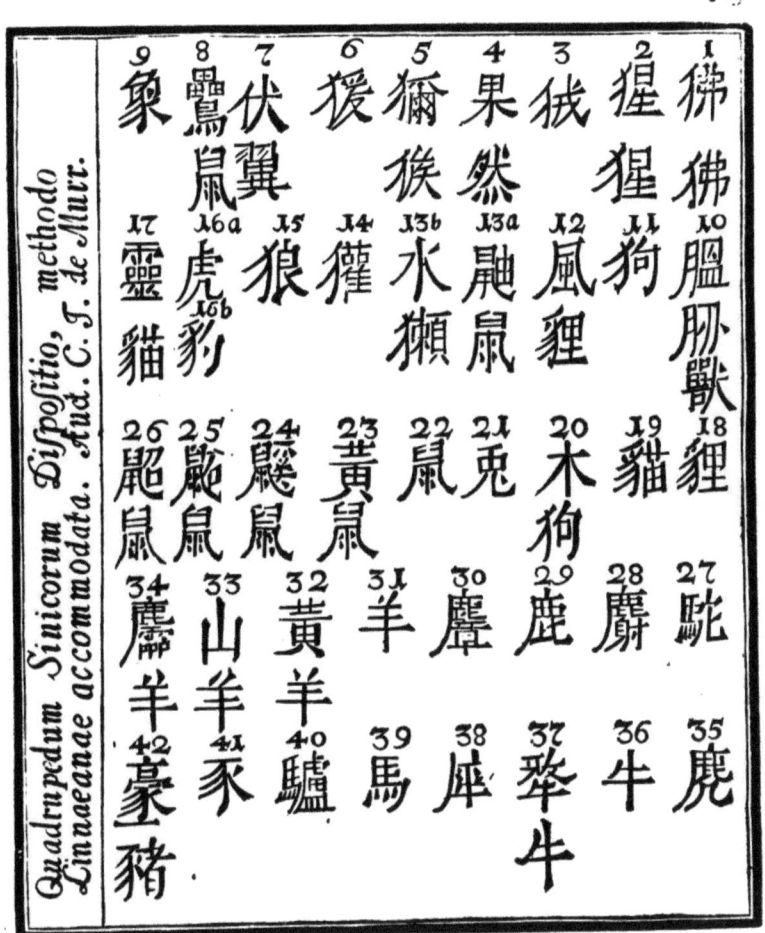

Abb. 13 Murr: Quadrupedum Sinicorum Dispositio, methodo Linnæanæ
accommodata.
Journal zur Kunstgeschichte und zur allgemeinen Litteratur 4.1777, 163

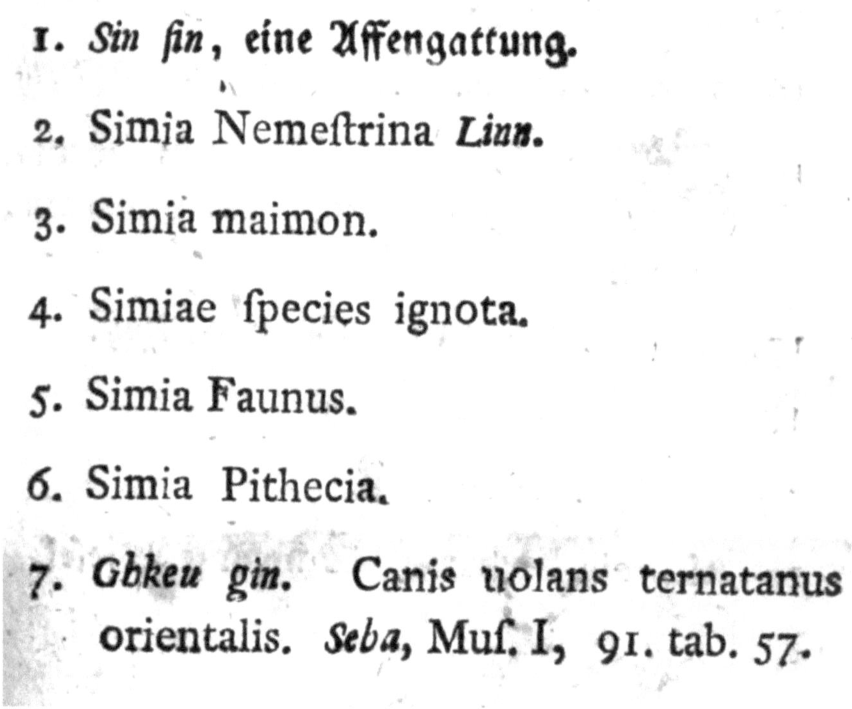

1. *Sin fin*, eine **Affengattung.**

2. Simia Nemeſtrina *Linn.*

3. Simia maimon.

4. Simiae ſpecies ignota.

5. Simia Faunus.

6. Simia Pithecia.

7. *Gbkeu gin.*   Canis uolans ternatanus orientalis. *Seba,* Muſ. I, 91. tab. 57.

Abb. 14 Erläuterung zur vorhergehenden Tafel.
Journal zur Kunstgeschichte und zur allgemeinen Litteratur 4.1777, 164

Weitere Bücher desselben Autors im Verlag BoD

Carl Graf von Klinckowstroem (1884–1969). *Schriftenverzeichnis des Technikhistorikers, Wünschelrutenexperten, Okkultismuskritikers und Bibliophilen.*
Norderstedt: BoD 2015. 328 S. ISBN 978-3-7386-3872-1

Newspapers on the Mind – Around the World. The IFLA Round Table on Newspapers (RTN) 1989 – 2009.
Norderstedt: BoD 2017. 296 S. 4°

Julius Kurth (1870–1949): Briefe an den Dichter Börries von Münchhausen (1874–1945).
Norderstedt: BoD 2017. 135 S. ISBN 978-3-7460-3033-3

Julius Kurth (1870–1949): „Autogramme" und Fabeln für Börries Frhr. von Münchhausen. Bibliophile Scherze.
Norderstedt: BoD 2017. 99 S. ISBN 978-3-7460-5997-6

Franz Bayer: *Nachschlagewerke und Studien zur erotischen Literatur & Kunst.* Eine annotierte Bibliographie. Nachträge zu Bayer/Leonhardt, *Selten & gesucht* (1993).
Norderstedt: BoD 2018. 136 S. 4° ISBN 978-3-7460-6779-7

Br. Berchmans Brückner SVD und die *Ars Sacra Pekinensis.* Briefwechsel mit dem Kunsthändler Walter Exner (1911–2003).
Norderstedt: BoD 2018. 166 S. ISBN 978-3-7528-2085-0

(mit Christine Bell) *Mein inniggeliebter Louis! Postkarten an den Elsässer Louis J. Stoffer (1889–1956), Hamburg und Tacoma. Ein Mosaiksteinchen zur Familien- und Auswanderungsgeschichte.*
Norderstedt: BoD 2018. 136 S. 4° (zweisprachig) ISBN 978-3-7460-9487-8

Walther Heissig (1913–2005). Aus dem Nachlaß des Mongolisten und Ethnologen – Nachlaßübersicht – Briefwechsel mit Erich Haenisch, Lajos Ligeti, Käthe Uray-Köhalmi, John R. Krueger und Erik Haarh.
Norderstedt: BoD 2018. 219 S. 4° ISBN 978-3-7481-8070-8

Johann Redowskys Reise von Irkutsk nach Kamtschatka (1806–1807) im Auftrag der Akademie der Wissenschaften. Das wissenschaftliche Tagebuch des Forschers – Botanik – Geologie – Ethnographie der Jakuten und Tungusen.
Norderstedt: BoD 2019. 163 S. ISBN 978-3-7481-8897-1

George Robert Loehr jr. (1892–1974) und die Forschung über die Pekinger Jesuitenkünstler. Quellen und Materialien in deutscher Sprache. In Verbindung mit Marion Steinicke herausgegeben.
Norderstedt: BoD 2019. 489 S. ISBN 978-3-7494-1070-5

Walther Heissig: *Aus dem Nachlaß II:*
Briefwechsel mit György Kara, Herbert Franke, György Hazai und Alice Sárközi sowie aus den
Anfängen der Altaistenkonferenz (PIAC). – Katalog mongolischer Blockdrucke in London.
Norderstedt: BoD 2019. 217 S.   ISBN 978-3-7392-1883-0

Zur klassischen poetischen Literatur Chinas. Leitfaden zu den Übersetzungen und Rezensionen
von Erwin von Zach (1872–1942).
Norderstedt: BoD 2019. 324 S. ISBN 978-3-7412-1017-4

Neue Rückschau auf ein arbeitsreiches Leben. Hartmut Walravens zum 75sten: Thematisches
annotiertes Schriftenverzeichnis. Mit Einleitung und Registern.
Bibliographie – Bibliotheken – Zeitungen – Erotica – Normung – China – Japan –
Altaistik – Mandschurei – Mongolei – Tibet – Rußland.
Norderstedt: BoD 2019. 236 S. ISBN 978-3-7481-0861-0

Franz Jäschke: *Der große Unbekannte: Heinrich Conrad (1865–1919). Redakteur, Autor,*
Übersetzer, Verleger. Schriftenverzeichnis. Mit den Briefen an C. G. von Maassen.
Norderstedt: BoD 2019. 166 S. ISBN 978-3-7460-1619-1

Walter v. Murat (ed.): *A study of erotic literature in England.*
Norderstedt: BoD 2019. 208 S. ISBN 978-3-7494-4911-8

Verzeichnis der Veröffentlichungen von Professor Dr. Martin Gimm. Norderstedt: BoD 2020.
48 S. 4° ISBN 978-3-7431-6665-3

Franz Blei (1871–1942), Carl Georg von Maassen (1880–1940) und Hans von Müller (1875–
1944) im Briefwechsel. Auch ein Mosaiksteinchen zur E. T. A. Hoffmann-Forschung.
Norderstedt: BoD 2020. 168 S. ISBN 978-3-7504-9525-8

Kleine Beiträge zur chinesischen Literatur- und Kulturgeschichte. Mit einer bisher unveröffent-
lichten Würdigung des Geographen und Kartographen Albert Herrmann (1882–1945).
Norderstedt: BoD 2020. 196 S. 4° ISBN 978-3-7519-4466-3

Jean Pierre Abel Rémusat (1788–1832). Zu Leben und Werk eines Wegbereiters der Ostasien-
wissenschaften. Norderstedt: BoD 2020. 153 S. ISBN 978-3-7519-3088-8

Julius Klaproths (1783–1835) Briefe an den Orientalisten und Erfinder Paul Ludwig Schilling von
Canstadt (1786–1837). Samt Schreiben an den Sinologus Berolinensis sowie
Ergänzungen zum Schriftenverzeichnis Klaproths.
Norderstedt: BoD 2020. 100 S. 4° ISBN 978-3-7519-8420-1

China Mission Studies (1550–1800) Bulletin (as of vol. 11:) Sino-Western Cultural Journal
中西文化交流史雜誌（中國天主教史研究）1.1979–38.2016. Edited and
published by David E. Mungello. A research tool.
Norderstedt: BoD 2020. 75 S. ISBN 978-3-7526-2887-6

(mit Albert König:) *Roter und gelber Papagei (Ara macao und Psittacula krameri, gelbe Mutation) am Kaiserhof in Peking.* Norderstedt: BoD 2020. 44 S. 4° ISBN 978-3-7526-2644-5

[Hrsg.] *Der Traum meines ganzen Lebens: Die epochale Amerika-Reise Alexander von Humboldts.* Norderstedt: BoD 2021. 274 S. ISBN 978-3-7526-8932-7

Stanislas Julien (1797–1873)*:* Wissenschaftliche Korrespondenz über China mit Schilling von Canstadt, Klaproth, Endlicher, Gabelentz, und A. von Humboldt. Norderstedt: BoD 2021. 110 S. ISBN 978-3-7526-4182-0

Tagebücher der russischen Gesandtschaftsreise an den Pekinger Kaiserhof 1805/6. Berichte der Teilnehmer Alexander Amatus Thesleff und Christian von Struve.
Norderstedt: BoD 2021. 248 S.
ISBN 978-3-7526-8534-3

Charles Carrington (1867–1921). Bibliographie eines Pariser Verlags. Bearbeitet von Howard Guacamole. Revidierte Ausgabe.
Norderstedt: BoD 2021. 485 S. 4° ISBN 9783754305638

Die Potsdamer Porträtmalerin Anna Bernhardi (1868–1944), eine frühe Sinologin. Tagebuch-Fragmente von ihrem Aufenthalt in Tianjin und ihrer Tätigkeit als Mädchen-schullehrerin 1905–1912.
Norderstedt: BoD 2021. 187 S. ISBN 978-3-7557-3632-5

Max von Brandt (9.10.1835 Berlin –24.3.1920 Weimar) Staatsmann, Mäzen und Publizist. Material zu Leben und Werk.
Norderstedt: BoD 2021. 116 S. ISBN 978-3-7534-7823-4

[Ed.] *Lettres de Madame P*** à Monsieur L****
Norderstedt: BoD 2021. 79 S.
Ohne ISBN. Privatdruck in 12 numerierten Exemplaren. Nicht im Handel.

[Übers. und eingel.] Leonardo Olschki: *Der Mythos Filz.*
Norderstedt: BoD 2021. 64 S.
ISBN 978-3-7543-0512-6

Anonyme: *Confidences d'un provincial ou six mois de séjour à Paris.* Recit inédit.
Norderstedt: BoD 2022. 83 S. Nummerierter Privatdruck in 12 Exen.
Publikation nach dem Manuskript in Montreal, McGill University. Nicht im Handel.

Gelehrtenbriefe an den Mongolisten Bernhard Jülg (1825–1886).
Norderstedt: BoD 2022. 90 S. ISBN 978-3-7562-3916-0

Wilhelm Alexander Unkrig (1883–1956): *Kleine Arbeiten zur Mongolistik und Tibetologie.* Bearbeitet und herausgegeben von H. Walravens. – *W. A. Unkrigs Korrespondenz mit Johannes Schubert (1896–1976).* Herausgegeben von Manfred Taube † Norderstedt: BoD 2022. 198 S. 4° ISBN 978-3-7557-9708-1

Gelehrtenbriefe an J. P. A. Rémusat und J. Klaproth. Aus der Geschichte der Orientalistik am Anfang des 19. Jh. Herausgegeben und übersetzt.
Norderstedt: BoD 2022. 154 S. ISBN 978-3-7568-0114-5

(mit Nikolaj Serikoff) *Franz von Erdmann (1793–1862) als Orientalist in Kazan. Im Spiegel seiner Briefe an Christian Martin Frähn, 1818–1820.*
Norderstedt: BoD 2022. 90 S.
ISBN 978-3-7568-1407-7

August Hermann Franckes und Hans Körbers Reise nach Zentralasien (1914) im Auftrag des Kgl. Ethnographischen Museums München im Spiegel der Korrespondenz (1914–1928). Transkribiert und zusammengestellt von Bruno J. Richtsfeld. Hrsg. von H. Walravens.
Norderstedt: BoD 2022. VII, 264 S. ISBN 978-3-7568-6907-7

[Hrsg.] Berthold Laufer: *Die Frühgeschichte des Filzes.*
Norderstedt: BoD 2022. 52 S. ISBN 978-3-7568-2894-4

Autobiographische Skizzen / Rainer Schwarz (1940–2020). Herausgegeben von H. Walravens.
Norderstedt: BoD 2022. 96 S. ISBN 978-3-7568-2743-5

Rainer Schwarz: *Von Heinrich Heine zu Sai Jinhua und Baron Ketteler (1900). Chinesisches aus der deutschen Geschichte.*
Norderstedt: BoD 2023. 128 S. ISBN 978-3-7347-5593-4

Books on Demand (BoD)
In de Tarpen 42, 22848 Hamburg
Tel.: +49 (0)40 53 43 35 11
EMail: info@bod.de